freedom
letters

№ 55

Дмитрий Быков

НОВЫЙ БРАУНИНГ

Freedom Letters
Итака
2023

freedom letters

Сайт издательства freedomletters.org
Телеграм freedomltrs
Инстаграм freedomletterspublishing

Издатель *Георгий Урушадзе*
Технический директор *Владимир Харитонов*
Художник *Мария Кулагина*
Корректор *Инна Харитонова*

Дмитрий Быков. Новый Браунинг. Итака : Freedom Letters, 2023.
ISBN 978-1-998265-01-5

В сборник «Новый Браунинг» вошли новые стихотворения и поэмы Дмитрия Быкова, написанные во время войны России против Украины.
Дмитрий Быков (р.1967) — прозаик, поэт, публицист, литературный критик, журналист, телеведущий, преподаватель, политический мыслитель и активист. В издательстве Freedom Letters вышли книги Дмитрия Быкова «Боль/шинство» и «VZ. Портрет на фоне нации».

От автора

Большая часть этих стихотворений и поэм написана в 2022–2023 годах. На многих заметно влияние Роберта Браунинга, чей роман в стихах «Сорделло» я по собственному заказу перевожу на досуге. Впрочем, слово «браунинг» имеет и другой смысл, который мне тоже нравится.

Дмитрий Быков,
Сан-Рафаэль, октябрь 2023

+++

В искупленье своих довоенных грешков —
О невинная шалость! —
Каждый выдал по сотне слезливых стишков,
Упирая на жалость,
Хор девиц голосил, провожая дружков,
Толпы беженцев шли, умоляя божков,
Для героев уже не хватало мешков,
Но война продолжалась.

Цифрой в десять нулей обернулся урон,
Производство ужалось,
Не осталось людей у обеих сторон,
Несмотря на державность,
Вместо неба колышется туча ворон,
Не отыщешь селения без похорон,
В неоплаченный отпуск просился Харон,
Но война продолжалась.

По полям расплылась первобытная грязь
И болотная ржавость,
Не рулила ничем озверевшая власть,
Пол-орды разбежалось,
Раскалился процессор, обрушена связь,
Застрелился профессор, кухарка спилась,
Надорвался агрессор, и жертва сдалась,
Но война продолжалась.

Черно-белое, глухонемое кино
Без героев и жанров.
Не осталось вообще ничего, никого,
Но война продолжалась.
То с вершины ледовую шапку смело,
То уходит под землю пустое село...
Потому что она тут была до всего,
И она продолжалась.

Потому что мы все для нее рождены,
Чтобы лопала бездна,
У нее ни конца, ни венца, ни цены,
И она безвозмездна;
Для нее отделяется муж от жены,
Свет от тьмы, род от рода, страна от страны,
Твердь от вод, плоть от духа, — но мир от войны
Отделять бесполезно.

+++

При встрече с чистым злом не то чтобы робею —
В мои полсотни лет
Смешно уже робеть российскому еврею, —
Но аргументов нет.

Ни хлесткой ругани, ни пламенной сатиры —
И это странно мне:
Ведь репутация нахала и задиры
Заслуженна вполне.

При встрече с чистым злом я несколько теряюсь,
Поскольку, как дурак,
Понять его хочу, назвать его стараюсь,
Но надо же не так.

При встрече с чистым злом пейзанину пристало
Не звать других пейзан,
Не разводить базар, а сразу бить в ебало,
Как Гамлет доказал.

ПАМЯТИ БЕЛЛЯ
К столетию

Настанет день — и ветераны
Станут за одним столом
Припоминать, как их тираны
Гнали в драку с двух сторон.

Я знаю: только пацифиста
К ним за стол не позовут.
Чего ты, скажут, прицепился?
Обойдемся без зануд.

Для нас Отчизна — über alles,
Два титана, две орды,
Но нынче мы навоевались,
Наигрались и горды.

Хоть вы дрались, как леопарды,
Но и мы дрались, как львы,
И если вы неправы, падлы, —
Мы солдаты, как и вы.

Герои мы, и вы герои,
Кто напал — вопрос второй,
Теперь плевать, как после Трои,
Кто там более герой.

Они обнимутся в застолье,
Их сплотит любовь к войне,
В сравнение с коей все пустое, —
Ну и ненависть ко мне.

Солдат не любит пацифиста,
Тилигента в стиле рюсс:
Мне будет к ним не подступиться,
Я тем более не рвусь.

И я боюсь, что, умирая,
Не войду ни в рай, ни в ад —
Я слишком холоден для рая,
А для ада скучноват.

И лишь в чистилище, пожалуй,
Я нашел бы идеал:
Господь на всякий на пожарный
Для себя его ваял.

Там пастырь стада, сборщик кофе
И с мотыгою феллах,
Христос распятый на Голгофе,
Рядом Будда и Аллах —
И все вообще крутые профи
В увлекательных делах.

А рай и ад — кругов по девять —
Заняла святая рать,
Что лишь одно умеет делать —
Убивать и умирать.
2017

+++

Нет, не на честных и подлых делятся люди живые:
Есть поселенья оседлых,
Есть племена кочевые.
Мы же из горьких, из третьих,
Чуждых окрестному люду:
Только теперь рассмотреть их время, когда они всюду.

Прежде мы жили оседло, но из пустыни на город
Ринулось черное кодло, выгнало в холод и голод —
И побрело по дорогам в сумраке сером и сиром
Племя оставленных Богом и вытесняемых миром.
Беженцы! Сколько их ныне! Пыльные их вереницы
Прут по дорогам Волыни, Кракова и Катовицы.
Племя лишившихся крова, всех, кто в убожестве хижин
Мнил, что рожден для другого, а оказался унижен,
А оказался бредущим по продуваемым чащам,
По облетающим кущам
В виде своем настоящем.

Плачемся новым соседям на монотонные нужды.
Странникам и домоседам мы одинаково чужды.
Бродим, незваные гости, в вечном позоре изгнанья,
В прахе, парше и коросте. Что же, не знал я? Да знал я.
Правила кармы коварны. Ветер грядущего режущ.
Сыну ли эвакуантки веровать в прочность убежищ?
Вот они, деды и внуки, в дреме ночного вокзала:
Всех предвкушением муки новая участь связала.
В детстве бежал от фашиста, старцем бежит от рашиста —
То ли в программе ошибка, то ли в сознанье прошивка.

Выстелись, стань незаметен — всех эта участь догонит.
Ветер, продымленный ветер, ветер огней и агоний,
Новым прикрывшийся измом, гонит со свистом и визгом
Всех, кто единожды избран, всех, кто единожды изгнан.
Вырастут новые внуки, выроют новые норки,

Их под обстрелы и вьюги выгонят новые орки.
Сколь ни лепи себе кома, сколь ни копи себе долга,
Сколько ни строй себе дома — все это так ненадолго!

То-то я так и на месте, чувствуя странную радость
В мире без цели и лести, в мире, где некуда падать —
В сиплом дыхании жалком душной толпы в Перемышле,
Спящей вповалку по лавкам
В том же, в чем из дому вышли.

+++

Говорят для приличья, что Родина — мать.
Наша Родина — матка.
И пока ты не склонен ее донимать —
Вам уютно и сладко.
Если ж ей надоело тебя обнимать —
Это первая схватка.

Потому-то с цикличностью в несколько лет
Череда мальчуганов
И девиц — покидает сырой полусвет
Между двух океанов.
Это значит, что время рождаться на свет,
Оторвавшись, отпрянув, —
Удирать, волоча за собою послед
В виде двух чемоданов.

Их встречает толпа ветеранов горшка,
Потребителей каши:
И в Отечестве русская доля тяжка,
И в изгнанье не краше.
И толкают, и щиплются исподтишка —
Мол, помучайся с наше!

Но терпенье. Устроена жизнь хорошо.
За полгода привычкой сменяется шок,
И младенец плешивый
Получает бутылочку, соску, горшок
И коробку с машиной,
И молочную смесь, и постельный режим,
И пеленку из ситца —
То есть все, что рожденный себе заслужил,
Выбирая родиться.

Иногда ностальгия накроет, грызя.
Во хмелю разгрустишься.

Но вернуться в утробу живому нельзя —
Разве только частично.
Не дивись же, что эта счастливая часть,
Одержима страстями,
Обретает порою особую власть
Над другими частями.

Разумеется, в мире хватает зверей
И ужасные нравы,
Так что, следуя логике темной своей, —
Нерожденные правы.
Но посмотришь порой в глубину, в вышину,
На жену и на сына —
И подумаешь: нет. И промолвишь: да ну.
И добавишь: спасибо.

...Так земля тебя носит, пока не дорос,
А глядишь — переносит,
И с поверхности сбросит тебя, как отброс,
И совета не спросит —
В непроглядную ночь, беспросветную тьму
Меж созвездий косматых,
Где ты точно не нужен уже никому —
Даже меньше, чем в Штатах.

А уж там гомонят инвалиды ярма,
Ветераны параши:
Подыши безвоздушьем, понюхай дерьма
И помучайся с наше!
У тебя после смерти всего ничего,
А у них годовщина.
Матерщина покойников. Их большинство,
И у них дедовщина.

Но терпенье. Устроена смерть хорошо.
За полгода привычкой сменяется шок,
И покойник плешивый

Получает поминки, надгробный стишок
И веночек фальшивый.
А пристойная память, а место в строю,
А на холмике глыба?
Как сравнишь с нерожденными долю свою,
То и скажешь: спасибо.

Иногда — ностальгия. Нельзя же пропасть,
Навсегда умолкая.
И тогда непонятная, тайная часть,
Неизвестно какая,
Приникает к любимым, по ветру скользя,
И целует неслышно,
Потому что обратно в утробу нельзя,
Но частично, частично...

И не диво, что эта секретная часть
Меж гнильем и костями
Получает по смерти особую власть
Над другими частями.

ПАМЯТИ ГУССЕРЛЯ

1.
С годами пишется все суше,
Но также и мертвей.
Все меньше всякой этой чуши —
Людей, зверей, ветвей.

Бог остается, если вычесть
(Редукции учась)
Людей приличных пару тысяч
И прочую матчасть.

Убрать бессмысленные схватки,
Надежду, совесть, месть...
А что в осадке, что в остатке —
Поэзия и есть.

Ища средь топота и ржанья
Божественную нить,
Довольно вычесть содержанье
И форму упразднить.

И пусть останется негусто,
Но мир пора давно
Делить на чистое искусство
И чистое говно.

2.
Хайдеггер уволил Гуссерля,
Не объяснившись тет-а-тет.
Он чистил, так сказать, от мусора
Арийский университет.

Я часто представляю Гуссерля,
Как он идет к себе домой,
И солнце катится, как бусина,
И все цветет, поскольку май.

Его талант педагогический
Враждебен духу новых лет.
Его феноменологической
Редукции места больше нет.

Его удел теперь — обструкция,
И вот он думает, грустя,
Что всем вокруг его редукция
Казалась сложной, хоть проста.

Мир гол. Видна его конструкция.
И если кто-то позовет
И спросит: «В чем твоя редцукция?» —
Ответить можно бы: да вот.

Во времена тирана-клована
Она как постиженье дна
Не может быть рекомендована,
Но безусловно не вредна.

Феноменологическая редукция
Вот это самое и есть,
И прежде чем шагнуть в грядущее,
Ее не худо произвесть.

ВТОРАЯ СМЕРТЬ

> Дай оглянусь!
>
> А. С. П.

Жизнь — это стыд. За нее не держись.
Мало в ней было щедрот. Но в конце ведь
Будешь и эту оплакивать жизнь.
Дай оглянусь, чтоб ее обесценить.

Дай мне вернуться с твоей проходной.
В реанимации час уворую.
Чувствую, мало мне смерти одной —
Надо вторую.

После-то смерти, с ее высоты,
Так это выглядит тускло и скудно:
Мутные окна, нагие кусты,
Грязные склянки, палата и судно!

Так и в кино настоящий маньяк
Не убивается с первого раза,
А в результате изысканных драк
Прежде лишится руки или глаза.

Или отъезд из насиженных мест,
Даже когда оснований в избытке —
Мало ли, занавес, пытки, арест, —
Лучше устроить не с первой попытки.

Как бы отлично вернуться на час
В эти осенние многоэтажки,
Глянуть, насколько все так же без нас
(Странно, кому-то казалось — не так же),

Просто взглянуть, как сгущается снег
Из удушающей злобы предзимней,—
Часа хватило бы ринуться в бег,
Плюнув на родины голос призывный.

Дай оглянуться на черный провал —
Страх, невзаимность, мольбы о пощаде...
Что, вот по этому я тосковал?
Ну тебя к черту. Прощайте, прощайте.

Фокус, мне кажется, именно в том
Что после смерти, о чем ни базарьте,
Помыслы, родина, улица, дом —
Тают в цене, как товар при возврате,

Как довоенные после войны
Мелочи: куртка, записка, повестка...
Неотменимое чувство вины
Тоже куда-то уйдет наконец-то.

Дай мне увидеть работу, скандал,
Свалку, стукачку, получку, девчонку:
Господи, что, я по этой страдал
Жизни и родине? Ну ее к черту.

Я изменился, а все это — нет.
Так же за стенкой скрипит раскладушка.
Верю: вернусь через тысячу лет —
Тот же сосед мне кивнет равнодушно.

Тот же подросток — как есть, целиком,
В сланцах иль берцах, с поправкой на климат,
Разве что будет его телефон
Несколько более, сука, продвинут.

Жизни, пожалуй, мне хватит одной.
Смерти взыскую второй. А за нею
Что-то иное, и мир не родной.
Чувствую это, как свет за стеной,
Новая родина с новой виной —
Но разглядеть их покуда не смею.

НОВАЯ ЖИЗНЬ

В апреле пасмурным теплым днем
Пью кофе. Рядом ломают дом.
В нем год как пусто. Во мне — как в нем.
Я начинаю новую жизнь.

Она наступает исподтишка.
Еще не решился — она уже.
Старую бросишь в виде мешка.
Она начинает новую жизнь.

Распалась на атомы и слова,
Что безмятежно на свалке спят.
Могу поверить — она нова.
Любому целому нов распад.

Моя же новая жизнь полна
Былых привычек, былых обид,
Как в Ялте сором полна волна,
Как лишней памятью мозг избит.

Я начинаю новую жизнь,
Полную матриц и мертвецов,
Прокариотов и праотцов,
Компатриотов и беглецов.

Я начинаю новую жизнь,
Я приношу туда злость и месть,
Страх остаться, попытку слезть,
Все, что будет, и все, что есть.

Я начинаю новую жизнь.
Я волоку в нее тяжкий груз.
Я под прицелами стольких глаз,
Что не меняю ни фраз, ни уз:

Только линяю, как старый волк,
Возненавидевший свой окрас,
И не знаю, какой мне толк
Делать это в десятый раз.

Я упираюсь в старую жесть,
Я выживаю, но не сдаюсь,
Я отрясаю старую шерсть
И начинаю новую смерть.

Но открываю глаза с трудом —
И понимаю: ломают дом.
Плачу по счету, делаю вдох
И начинаю новую жизнь.

Выросший Цельсий. Тихий буфет.
Серый апрельский пасмурный свет.
Может, я смог бы ее начать,
Сказав вслух, что ее нет.

2015

+++

Недолгий гость, ценитель пришлый,
На всякий вид, любой пустяк
Привык смотреть я как бы трижды:
Так, сяк и еще вот так.

Вот дождь и мокрая веранда,
Гроза апрельская прошла.
И луч проклюнулся, и ладно —
Я здесь, и жизнь еще прочна.

Второй же взгляд — всегда из бездны,
Куда стремится жизнь моя.
Всегда железны, всегда изрезаны,
Всегда облезлы ее края.

Всегда соседствовали с раем
Вокзал, изгнание, развал...
Что ж, мы не знаем? Всё мы знаем.
Еще не жил, а это знал.

Как тот, кто страждет высшей мукой,
В несчастье помня счастья дрожь, —
Из зыбкой старости безрукой
Смотрю на двери, ветви, дождь.

Взгляд отвращенья и упрашиванья,
Каким на небо смотрит дно,
Всегда его и прихорашивая,
И ненавидя заодно.

А третий взгляд — как бы выныривая
Из унижений и пустот,
И мир, как музыка виниловая,
Вернется тот же, но не тот.

На капель топот, листьев шепот,
На все, что дышит и дрожит, —
Смотрю теперь сквозь адский опыт,
Что в полсекунды пережит.

Ни вечных слов, ни вечных звезд нет.
Есть вечной глины вечный пласт.
Чуть отлучишься — все исчезнет,
Чуть отвернешься — все предаст.

Прости мою тревогу, юность.
Я на тебя смотрю, жена,
Как будто ты ушла, вернулась,
И предала,
И прощена.

Все эти склейки так монтажны,
Так незаметны, так просты...
На жизнь смотрю я точно так же.
Она прощает, как и ты.

+++

В прохладных весенних хоромах
Любовные стоны лягух,
Влагалищный запах черемух,
Рябины подмышечный дух,
Пыхтение дачных соитий,
Дождя полуночного спрей,
Все то, чего нету избитей,
Но нет и не будет острей.

Вот Родина. Нечто сырое,
Утроба, гробы и грибы,
Как писк комариного роя,
Умильной вампирьей мольбы.
Гнилушечный свет над болотом,
Туманы, роса и ботва —
Враждебное всяким полетам
Ползучее чувство родства.

Все запахи дали и воли
Тебе не заменят, не рвись,
Интимнейшей, сладостной вони,
Окутавшей склизкую близь.
Закат в заболоченных чащах,
Деревни Кащея тощей,
Засилье нежнейших, горчайших
И самых вонючих вещей.

+++

Про́клятая меньшая сестра,
Выбравшая волю молодица,
Зеркало к России поднесла,
И Россия, словно приросла,
В это зеркало глядится.

Родина Горыни и Днестра,
Беглая душа твоя, Расея, —
Зеркало убийцам поднесла,
Как Медузе щит Персея.

Зеркало, предмет на букву Ze,
Зеркало увечья и безбрачья,
Голова в похмелье и шизе —
Зэкова, овечья и палачья.

И не скажет бывшая сестра,
Наше отраженье тыча в рыло, —
То ли это маска приросла,
То ли так оно и было.

Злее всех вооруженных сил
Зеркало безумья и бессилья:
Мир взглянул — и то заголосил.
Мир вопит. Но не Россия.

Это нам изгойство и вина,
Это мы стыдом пылаем,
А она невинна и темна.
То ли камнем сделалась она,
То ль давно уже была им.

И не может бывшая сестра,
Уступая по масштабу,
Пробудить от каменного сна
Эту каменную бабу.

Щит Афины, чудо ремесла,
К врагу приблизив до предела,
Зеркало России поднесла.

Но оно не запотело.

+++

Быть русским не стыднее, чем живым.
У жизни вообще лицо садиста
С оскалом волчьим, взглядом ножевым.
Не надо нас уж очень-то стыдить-то.

Ведь правда, как-то стыдно быть в живых
И после той войны, и после Бучи,
И в этом смысле мы, конечно, жмых,
Полова, прах... Но ведь и вы не лучше.

Тем более в умении свои
Расчесывать запекшиеся язвы
Нам равных нет средь мировой семьи,
В чем убеждались, кажется, не раз вы.

Мы будем изживать свой новый грех
И струпья демонстрировать свои же,
Крича: мы ниже вас! Мы хуже всех!
Вы лучше вас! Мы ниже!

Мы будем унижаться до конца,
Настаивать, что стая мы и свора,
Клеймя народ прозваньем подлеца,
А власть — гибридом киллера и вора.

Пора понять, что данников Москвы
Опасно ставить в позу Магдалины
И загонять в истерику: увы,
На этом поле мы неодолимы.

У нас от этой позы шаг один
До упоенья мщеньем самым подлым.
Сперва мы вам натешиться дадим,
Но после все припомним.

Наслушавшись, как страстно мы визжим,
Одежды разрывая осторожно,
Вы несколько ослабите зажим
И скажете: да ладно, сколько можно.

Что по лицу размазывать золу?
Уж Бог бы с вами, с вашим государем...
Утрите слезы, просим вас к столу...

Вот тут-то мы и вдарим.

СЧАСТЬЕ

1.
Старое, а в чем-то новое чувство начала февраля,
Небо серое, потом лиловое, крупный снег идет из фонаря.

Но ясно по наклону почерка, что все пошло за перевал,
Напор ослаб, завод кончился, я пережил, перезимовал.

Лети, снег, лети, вода замерзшая, посвети, фонарь,
    позолоти.
Все еще нахмурено, наморщено, но худшее уже позади.

И сколько ни выпади, ни вытеки — все равно сроки истекли.
(Я вам клянусь: никакой политики, это пейзажные стихи.)

Лети, щекочущее крошево, гладь лицо, касайся волос.
Ты слышишь: все кончено, все кончено, отпраздновалось,
    надорвалось.

Прощай, я пережил тебя, прости меня, все было так бело и
    черно,
Я прожил тут самое противное и вел себя, в общем, ничего.

Снег, снег, в сумятицу спущусь твою, пройдусь, покуда все
    еще спят,
И главное, я чувствую, чувствую, как моя жизнь пошла на
    спад.

Теперь бы и жить, чего проще-то, довольно я ждал и
    горевал —
Но ясно по наклону почерка, что все идет за перевал.

Кружится блестящее, плавное, подобное веретену.
При мне свершилось тайное, главное, до явного я не дотяну.

Бессонница. Ночь фиолетова. Но я еще насплюсь, насплюсь.
Все вверх пойдет от снегопада этого, а жизнь моя на спуск, на
    спуск.

Нравится мне это испытание на разрыв души моей самой.
Нравится мне это сочетание, нравится до дрожи, боже мой.

2.
Но почему-то очень часто в припадке хмурого родства
Мне видится как образ счастья твой мокрый пригород,
    Москва.
Дождливый вечер, вечно осень, дворы в окурках и листве,
Уютно очень, грязно очень, спокойно очень, как во сне.
Люблю названья этих станций, их креозотный, теплый чад —
В них нету ветра дальних странствий, они наречьями звучат,
Подобьем облака ночного объяв бессонную Москву:
Как вы живете? Одинцово, бескудниково я живу.
Поток натруженного люда и безысходного труда,
И рухнуть некуда оттуда, и не подняться никуда.
Нахлынет сон, и веки тяжки, и руки – только покажи
Дворы, дожди, пятиэтажки, пятиэтажки, гаражи.
Ведь счастье — для души и тела — не в переменах и езде,
А в чувстве полноты, предела, и это чувство тут везде.

Отходит с криком электричка, уносит музыку свою:
Сегодня пятница, отлично, два дня покоя, как в раю,
Толпа проходит молчаливо, стук замирает вдалеке,
Темнеет, можно выпить пива в пристанционном кабаке,
Размякнуть, сбросить груз недели, в тепло туманное войти —
Все на границе, на пределе, в полуживотном забытьи;
И дождь идет такой смиренный, и мир так тускло озарен —
Каким манком, какой сиреной меня заманивает он?
Все неприютно, некрасиво, неприбрано, несправедливо, ни
    холодно, ни горячо,
Погода дрянь, дрянное пиво, а счастье подлинное, чо.

3.

Ночь июля с запахом самшита ядовита и душна,
хоть обширно звездами расшита черная ее мошна.

Ночи августа того страшнее, обреченные уже,
Смутные, как разговор в траншее на последнем рубеже.
Ночь — как смерть, заметить все успели, а в моем краю вдвойне.
Осенью, зимой — как смерть в постели, летом — словно на
    войне.

Летней ночью всякий раз тревога, всех предчувствия томят,
Будто утром всем лежит дорога с вещмешком в военкомат.

И страшней всего перед рассветом: совесть, паника, вина...
Жизнь у нас возможна разве летом, и любая жизнь — война.

А люблю я только ночь июня, занавески, лепестки.
Эта ночь светла без полнолунья и тревожна без тоски.

Этой ночи воздух не казармен: утром, чуть глаза раскрой,
Не на фронт пойдешь, а на экзамен или вечер выпускной!

Свежих листьев свежее смятенье, спешка ветра, жажда
    цвесть,
Неба серебристое свеченье, словно в небе что-то есть.

Тени на обоях, рябь на луже, дальний поезд, креозот...
Умереть во сне — чего бы лучше! Но не всем же так везет.

Влажный шум блаженный, запах сложный, пота бисер
    просяной,
Словно сон красавицы тревожный под легчайшей простыней.

Верить в то, что все не втуне,
И что все припомнится потом, —
Можно пару раз в июне.
А уже в июле — моветон.

Из цикла
«Невольные переводы»

От автора. В свое время, чтобы напечатать эти стихи, автору надо было их выдать за переводы. Но думаю, поэты бы не обиделись.

1. ИЗ РАФАЭЛЯ АЛЬБЕРТИ

По слову китайского гения, диктатора и вруна,
У каждого поколения должна быть своя война.

Гражданской войны мы жаждали четыре десятка лет —
Но, так как отсутствуют граждане, гражданской войны и нет.

Ведь ежели каждый с каждыми сцепляется за свое —
То это еще не граждане, а, можно сказать, сырье.

Зато в наличье Отечество — к тому же в виде таком,
Который уже не лечится ни правом, ни языком.

Приходится нам, — отмеченным, заметить не премину, —
Вести со своим Отечеством отечественную войну.

Отечество нам выковывает отечественная война.
Оно себя отвоевывает у черного колдуна.

Мы видим, как плоть калечится, мы слышим пушечный вой:
С Отечеством за Отечество сражаться нам не впервой.

Отечество ищет повода для казни говоруна —
И выглядит очень молодо: его молодит война.

Шпионят друзья и недруги, причем с обеих сторон.
Шпионов внедряем в недра мы. Я сам за собой шпион.

...Я вижу зари предтеченской кроваво-красную щель.
Смерть на войне Отечественной слаще любой вообще.

Чтоб выстлать дорогу скатертью захватчику и клещу.
Чтоб мачеха стала матерью, которой я все прощу.

И тот, кто пал за Отечество в Отечественной войне,
Сегодня в роли ответчика, но завтра будет в цене.

Однажды мы, победители, ворвемся в свои дома,
В которых наши родители сегодня сходят с ума.

2. ИЗ ФРАНСУА ВИЙОНА
БАЛЛАДА О ПИПИНЕ КОРОТКОМ*

Восьмого века посреди
Возглавил франков, им на горе,
Король с отвагою в груди
И кровожадностью во взоре.
Он был бы, честно говоря,
Правитель сдержанный и кроткий —
Увы, была у короля
Одна беда: пипин короткий!

Он компенсировал пипин
Чредой скандалов смехотворных,

* Баллада принадлежит к так называемым «приписываемым» (attribuable) балладам Вийона, появившимся после его исчезновения в 1464 году и получившим во Франции огромное распространение под именем легендарного школяра. Пипин Короткий (714–768) — король франков, прославившийся триумфальными походами. Вийон, как всякий книжник, демонстрирует недостаток патриотизма.

Порою видом вражьих спин,
Порой мучительством придворных,
Его воинственная прыть
Была бессильна пред красоткой,
И он сражался: чтоб забыть,
Что у него пипин короткий!

Ужасный век! Кругом враги —
Баварцы, саксы, алеманы...
Он истощал свои мозги,
Опустошал свои карманы,
Растратил франков большинство...
Народ же сделал вывод четкий
И догадался: у него,
Скорей всего, пипин короткий!

На Аквитанию поход,
На лангобардов аж четыре,
И даже в свой последний год
Он слышать не хотел о мире.
Забыто имя короля,
Приметы речи и походки,
И только кличка — вуаля! —
Осталась нам: Пипин Короткий!

Принц! Затверди его урок.
Принадлежа к Средневековью,
Когда б хотел, он явно мог
Скрепить страну не только кровью.
Когда б не кровь и не развал,
Да не разборки и разводки, —
Глядишь, никто б и не узнал,
Что у него пипин короткий.

3. ИЗ ЭРИХА КЕСТНЕРА

Была б моя лира первейшей из лир, —
Мечтаю я полночью вешней, —
Когда бы ужасный свой внутренний мир
Я смог опрокинуть во внешний.

Когда бы в родном и соседнем краю,
В клубах ядовитого дыма,
Твердыню,
Гордыню,
Пустыню мою
Явил я зловонно и зримо.

Когда бы слова, беспощадно остры,
Открыли друзьям-фарисеям
Все трупы,
Воронки,
Обломки,
Костры,
Которыми мир мой усеян.

Пейзаж моей жизни — презренье и тлен,
Кровавые стычки и стачки,
Солдатские толпы, бредущие в плен,
Хронический поиск предательств, измен,
Вставанье с колен
На карачки.

И смятая, словно бумага, броня,
Клочок обгорелого флага храня,
И страсти позор,
И доверья херня,
Кишки и кровавые лужи —
Все то, что воняет внутри у меня,
На миг оказалось снаружи.

И вот бы явить это миру как есть
В величии подлом и полном, —
Какая была бы ужасная месть
Всем тем, кто меня недопонял!

Вот это искусство.
Все кроме — отстой.
Вот это была бы расплата
С врагами, друзьями, роднею — и с той,
Что более всех виновата.

Но чтобы души моей адский пейзаж
Явить равнодушным планетам,
Глядящим из бездны на выводок наш, —
Я должен бы стать не-поэтом.

Я должен бы стать слепошарым кротом,
Отборною тварью соборной,
Которая, спрятавшись в сталь и бетон,
Таится от мира в уборной.

И смерти моей, молодой человек, —
Что признак опять-таки гения, —
Желали б не семь с половиной калек,
А семь миллиардов.
Не менее.

4. ИЗ МИГЕЛЯ ДЕ УНАМУНО

«Хорошо бы мне жить одному бы,
Всех отдельней, всех незаметней», —
Так обиженно, выпятив губы,
Говорил мне мой сын семилетний.
«И ложиться, когда мне охота,
А не спросив позволенья чьего-то,
И от злобных родителей скрыться,
И при этом не мыться, не стричься».

Но сестра его, старшая на год,
Повторяла: «Да что ты? Да что ты?
Это ж сколько невзгод или тягот,
И ни помощи нет, ни заботы.
Одиноко без общества, братик.
Пошатнешься — никто не подхватит.
Хочешь есть — бутерброд не намажут.
Заблудился — пути не укажут».

Я их слушал и думал: да ладно!
Тоже разница, можно подумать.
Стоит небу взглянуть безотрадно,
Стоит ветру холодному дунуть —
И никто не укажет дорожек,
И никто не предложит поблажек,
И никто никому не поможет,
И никто ничего не подскажет,
Потому что мы все одиноки —
И на Западе, и на Востоке,
В шумном мире, в земной круговерти,
Одиноки и в жизни, и в смерти.
Загрустишь — и никто не заплачет.
Чуть привяжешься — смоется быстро.
Так что можешь не стричься, мой мальчик,
А впоследствии можешь не бриться*.

5. ИЗ ЛЕОНА ФЕЛИПЕ

1.

Казалось бы, все уже ваше: земли, слова, права,
Пресса, суды, глава, камни, вода, трава, —
И все — от главы до травы — уже такое, как вы,

---

* Это единственное стихотворение цикла, у которого был оригинал — «Yo
quiero vivir solo», — но перевод от него настолько отдалился, что это скорей
вариация на тему.

Такое.
Уже возгласил Госбред, что это на сотню лет,
Уже учрежден Комбед, уже продался поэт,
Уже отменен рассвет, а вам по-прежнему нет
Покоя.
Уже вас пустили в сад, в столицу, в калашный ряд,
Рабы подставляют зад, соседи отводят взгляд,
По стогнам идет парад, жильцы обоняют смрад
Параши,
Все, что запрещено, выброшено давно,
Все, что разрешено, заранее прощено,
И всем уже все равно, и все это все равно
Не ваше.
Все уже стало так, как вечно хотел дурак.
Если бы мрак! Кругом теперь полумрак.
Всюду, где не барак, — дебри и буерак,
Как в Вольте.
Я все отдам завистнику и врагу,
Ни дня не спрячу, ни слова не сберегу,
Но сделать все это вашим я не могу,
Увольте.

2

Вот тебе баба, дерево, птица,
Воздух, ключ от жилья.
Где тебе этим так насладиться,
Как наслаждался я?
Мой мир отныне тебе завещан
И, в сущности, искалечен.
Отныне тебе наслаждаться есть чем,
Но насладиться — нечем.
Правильно так говорить при утрате
Жизни, жены, страны.
Эти слова не добры — но кстати,
Эти слова верны.
От них смутится любая рать,
Пьяная от побед,
Так как вы можете все забрать,

Всех замучить и всех задрать,
Все изгадить и все засрать,
А насладиться — нет.

КАК ЖАЛЬ
(из Леона Фелипе)

О как жаль,
Что не спеть мне в духе моей эпохи,
И не потому, что духи эпохи плохи,
А потому, что любая гадина воспевает сегодня Родину,
Даже если Родина у нее — океанская впадина.
Воспевает Родину, словно преданность грозному богу Одину,
А я не могу воспеть мою Родину, она у меня украдена.
Мне не спеть, какая она громадина,
Как сладка ее виноградина, боевита ее армадина,
Как прекрасен дух ее спален, героический вид развалин, —
Так что этот соблазн для меня уже больше не актуален.

Как мне жаль,
Что мне не воспеть ее трагическую историю,
Чтоб на горние чувства настроить аудиторию,
Потому что история подобна ангелу падшему,
Потому что всегда идет от плохого к худшему,
Потому что любая сказка лжива и вкрадчива,
В ней всегда уживается с важным всякая всячина,
А моя история безысходна, как зуботычина,
И вдобавок, как я сказал, мною она утрачена.
Вообще, иногда мне кажется, что сколько я ни терпи,
Какого гражданства я себе ни купи,
Какое море глаз моих ни слепи,
Я на самом деле родился в глухой степи,
Которая много пустей и грознее, чем даже мое изгнание,
И навеки уйду в эту степь позднее,
А лучше ранее.

Разумеется, я родился в какой-то местности,
В каком-то городе, не лишенном общей прелестности,
В городе, где бродили прелестные поселянки,
Где синели горы мечтательной Саламанки,
А когда постепенно менялся мой возраст паспортный
И настало время юности пасмурной,
Эти горы со мной темнели, со мной мрачнели,
Навевая все чаще мысль о вечном ночлеге.
Но не будет ночлега, не будет даже свидания,
Я боюсь, что и после смерти будут скитания,
Нету места, где бы Отчизна по мне заплакала,
Ни в одном пристанище больше не бросить якоря,
У меня ни детства, ни отчего языка,
Для меня отныне все реки — одна река,
И в один океан сливаются все моря,
Не имеющие различия,
Собственно говоря.

Разговор о Родине трудно считать законченным,
Я еще не сказал об отсутствии дома с резным балкончиком,
На котором я, воротившийся, хрупкий, старый,
На исходе жизни мог бы стоять с сигарой,
Озирая с радостью горькой родные поля, моря,
Дельным советом смущенных внуков даря,
Повторяя дрожащим голосом, что вот она жизнь моя,
А если вдуматься — смерть моя.
Нету дома, нету балкончика, да и плачу я очень редко.
Да чего там — нету даже портрета предка,
Который стоит, опираясь на древний меч,
Обращая к потомству гордую речь,
Озирая землю, которую смог привлечь,
Выражая готовность в нее полечь.
Ни окна любимого с легкой воздушной шторой,
Ни старинной кожаной мебели, на которой
Испустил мой предок воинственный древний дух,
Завещая мне славные войны, не меньше двух.
Вместо войн, которыми предками были б весьма довольны,

Я прошел насквозь совершенно другие войны,
В результате которых все, что со мною сегодня есть, —
Это сильно побитая молью честь,
Давно прокисшая месть
И вот этот домик с одною комнатой белой,
С одной стороной полусгнившей, другою — целой,
И с простым дощатым столом, упирающимся в окно,
За которым было светло, а стало темно.

За этим окном, доставшимся мне в порядке итога,
Простиралась большая, белая, пропылившаяся дорога,
По которой, палкой ведя по нашему частоколу,
Девочка каждое утро ходила в школу.
В школу ей не хотелось, действительно не хотелось,
Голова ее на тонкой шее вертелась,
И глаза ее бегали, словно ища предлога,
Чтоб не ходить туда, куда приводит эта дорога,
То есть я понимал, что ей в школу очень не хочется,
А хочется быстро понять, когда это кончится.

И теперь это кончилось,
Потому что взрослые люди, как будто спящие —
На самом деле не спящие, а скорбящие,
Но такие медленные, как будто ненастоящие, —
Мимо дома несли эту девочку в белом ящике,
Мимо этого дома в ящике это тело,
И теперь она больше не ходит в школу,
Куда никогда не хотела.

Так что мне нечего больше любить, нечего изменять,
Некого умолять, не на кого пенять,
Некому мстить, некого извинять,
Некого проклинать или что похлеще.
И теперь у меня остались только простые вещи,
Которые ни обнять,
Ни понять,
Ни отнять.

ПЛОЩАДЬ НЕЗАВИСТЛИВОСТИ

Я часто думаю: где черта,
Свинцовая, как белила,
Граница та, паляница* та,
Что нас навек разделила
На тех, кто запер себя в клозет,
Где страстно ругают Запад
И любят символы в виде «зет», —
И тех, кто туда не заперт?
Проскроллив пару десятков лент,
Сейчас попаду не целясь:
Вторичный признак — ресентимент,
Первичный — неполноценность.
Всегда травили меня гурьбой,
Шушукаясь за спиною,
Не те, кому нравится быть собой,
А те, кто хотел бы — мною.

У барда N никаких проблем,
Но он неудачник в главном —
Он хочет быть поэтессой М.,
Увенчанной щедрым лавром.
У М. густой православный грим,
Но постная поэтесса
Не стала мягче, присвоив Крым, —
Теперь ей нужна Одесса.
Она ругает судьбу свою,
Ей тесно в границах жанра:
Она хотела бы стать как Ю.
И скалиться кровожадно.
У Ю. — своя кривизна в судьбе,
Там тоже видна причинность:
Ей быть хотелось поэтом Б.,
Однако не получилось.

* Шибболет нашего времени.

У Б. случился позорный текст
По поводу Украины,
Он сам признался, что был из тех,
Кто всюду видит руины,
Поскольку он, несмотря на пост
И грохот славы желанной,
Хотел не Нобеля взять за хвост,
А быть Мариной Иванной.

А вот она, несмотря на не-
Слиянность души и тела,
Была довольна собой вполне
И быть другой не хотела.
Не склонен к зависти только тот,
Кто мнит себя лучше прочих:
Из них выходит святой народ
Эстетов-чернорабочих.
И хоть ее нищета рвала
Безжалостными клещами,
Она всю жизнь занята была
Значительными вещами:
Не как бы ей превратить в зэка́
Соперника основного,
А как бы ей прокормить сынка
И выбрать лучшее слово.

На штурм и вылом чужих ворот
Кидается год за годом
Народ-подпольщик, полународ,
Боящийся стать народом.
Толпу завистников и калек
Ведет по кровавым рекам
Безликий призрак, стерх-человек,
Считаясь сверхчеловеком.
И каждый зависть несет свою,
Бурлящую, будто Этна,
И обольщается, что в строю
Все это не так заметно.

О мрак подполья! О взвизги крыс!
О вечный ползучий комплекс!
Уймись, умойся, утрись, заткнись,
О стены соседа кокнись!
И пусть нас выведет в новый путь
Правитель с лицом и именем,
Герой, умеющий что-нибудь,
Довольный собой. Как минимум.

ШЕСТНАДЦАТАЯ БАЛЛАДА

Война, война.
С воинственным гиканьем пыльные племена
Прыгают в стремена.

На западном фронте без перемен: воюют нацмен и абориген,
Пришлец и местный, чужой и свой, придонный и донный
    слой.
Художник сдал боевой листок: «Запад есть Запад, Восток —
    Восток».
На флаге колышется «Бей-спасай» и слышится «гей» —
    «банзай».
Солдаты со временем входят в раж: дерясь по принципу
    «наш — не наш»,
Родные норы делят межой по принципу «свой — чужой».

Война, война.
Сторон четыре, и каждая сторона
Кроваво озарена.

На северном фронте без перемен: там амазонка и супермен.
Крутые бабы палят в грудак всем, кто взглянул не так.
В ночных утехах большой разброс: на женском фронте
    цветет лесбос,
В мужских окопах царит содом, дополнен ручным трудом.
«Все бабы суки!» — орет комдив, на полмгновенья опередив
Комдившу, в грохоте и пыли визжащую: «Кобели!»

Война, война.
Компания миротворцев окружена
В районе Бородина.

На южном фронте без перемен: войну ведут буржуй и гамен,
Там сводят счеты — точней, счета — элита и нищета.
На этом фронте всякий — герой, но перебежчик — каждый
    второй,

И дым отслеживать не дает взаимный их переход:
Вчерашний босс оказался бос, вчерашний бомж его
     перерос —
Ломает руки информбюро, спецкор бросает перо.

Война, война.
Посмотришь вокруг — кругом уже ни хрена,
А только она одна.

На фронте восточном без перемен: распад и юность, расцвет
     и тлен,
Бессильный опыт бьется с толпой молодости тупой.
Дозор старперов поймал бойца — боец приполз навестить
     отца:
Сперва с отцом обнялись в слезах, потом подрались в
     сердцах.
Меж тем ряды стариков растут: едва двоих приберет
     инсульт —
Перебегают три дурака, достигшие сорока.

Война, война.
По левому флангу ко мне крадется жена.
Она вооружена.

Лишь мы с тобою в кольце фронтов лежим в земле, как пара
     кротов,
Лежим, и каждый новый фугас землей засыпает нас.
Среди войны возрастов, полов, стальных стволов и больных
     голов
Лежим среди чужих оборон со всех четырех сторон.
Мужик и баба, богач и голь, нацмен и Русь, седина и смоль,
Лежим, которую ночь подряд штампуя новых солдат.
Лежим, враги по всем четырем, никак объятий не раздерем,
Пока орудий не навели на пядь ничейной земли.

2011

ОСТРОВ ЗМЕИНЫЙ

> Английский генерал воскликнул: «Храбрые французы, сдавайтесь!» Камбронн отвечал им: «Merde!» [Дерьмо! (франц.)] Произнести это слово и потом умереть — есть ли что-нибудь более возвышенное?
>
> *Виктор Гюго. Отверженные*

Пять десятков прожив с половиной
Неуклонно сгущавшихся лет,
Угодил я на остров Змеиный,
А с него отступления нет.

Ибо жизнь — это остров Змеиный,
А под стать ей и Родина-мать.
Мы привязаны к ней пуповиной,
Но однажды приходится рвать.

Местной жизни моей угрожая,
Вы подобны тому кораблю.
Искони ты была мне чужая.
Ты не любишь — и я не люблю.

Сколько можно молить и гундосить?
Нынче время понять и проклясть,
Эту жизнь нелюбимую бросить,
Как гранату, в зловонную пасть.

Все расхищено, все пережито,
Что не вывезли, то размели...
Чем мне, собственно, здесь дорожить-то?
Разве горстью змеиной земли?

Но на ней уже царствуют змеи,
Их ползучий, безудержный зуд,
И поэтому будет вернее
Ничего не достраивать тут.

Мы ли ждали другого финала?
Мы ль хотели иного конца?
Я ведь прожил с клеймом маргинала,
То есть, проще сказать, погранца.

Прав поэт: «несравненное право
Самому выбирать свою смерть»
Но сначала тебе, сверхдержава,
Харкнуть в морду законное «Merde!».

С вашей бляхой, папахой и плахой,
С вашим вечным «пугай и карай», блядь,
И поэтому шел бы ты на хуй,
Мой российский военный корабль.

ВОЛЬНЫЕ МЫСЛИ

1

В России выясненье отношений
Бессмысленно. Поэт Владимир Нарбут
С женой ругался в ночь перед арестом:
То ему не так, и то не этак,
И больше нет взаимопониманья,
Она ж ему резонно возражала,
Что он и сам обрюзг и опустился,
Стихов не пишет, брюзжит и ноет
И сделался совершенно невозможен.
Нервозность их отчасти объяснима
Тем, что ночами чаще забирали,
И вот они сидят и, значит, ждут,
Ругаясь в ожидании ареста
И предъявляя перечень претензий
Взаимных.
И тут за ним приходят —
Как раз когда она в порыве гнева
Ему говорит, что надо бы расстаться,
Хоть временно. И он в ответ кивает.
Они и расстаются в ту же ночь.

А дальше что? А там, само собою,
Жена ему таскает передачи,
Поскольку только родственник ближайший
Такую привилегию имеет;
Стоит в очередях, носит продукты.
Иметь жену в России должен каждый —
Или там мужа; родители ненадежны,
Больны и стары, а всякий старец
Собою озабочен много более,
Чем даже отпрыском. Ему неясно,
С какой он стати, вырастив балбеса
И жизнь в него вложив, теперь обязан
Стоять в очередях. Не отрицайте,

Такое бывает; вообще родитель
Немощен, его шатает ветром,
Он может прямо в очереди сдохнуть,
Взять и упасть, и не будет передачи.
В тюрьме без передачи очень трудно.
В России этот опыт живет в генах.
Все понимают, что терпеть супруга
Приходится. Любовниц не пускают,
Свиданий не дают, а женам можно.
Ведь в паспорте никто пока не пишет
«Любовница»! А получить свиданье
Способен только тот, кто вписан в паспорт.
Вот что имел в виду Наум Коржавин,
Что в наши, дескать, трудные времена
Человеку нужна жена. Нужна. Уж верно,
Не для того, чтоб с нею говорить.

Поэтому выясненье отношений
Бессмысленно. Поэтому романы
В России кратки, к тому же всегда негде.
Нашли убогий угол, быстро слиплись,
Быстро разлиплись, подали заявленье,
Сложили чемодан и ждут ареста.
Нормальная любовь. Потом плодятся,
Дети быстро знакомятся, ищут угол,
Складывают чемодан и ждут ареста.
Паузы между эпохами арестов
Достаточны, чтобы успели дети
Сложить чемодан и слипнуться. Ведь надо
Кому-нибудь стоять в очередях.

2

В Берлине в многолюдном кабаке
Особенно легко себе представить,
Как тут сидишь году в тридцать четвертом,
Свободных мест нету, воскресенье,
Сияя, входит пара молодая,

Лет по семнадцати, по восемнадцати,
Распространяя запах юной похоти,
Две чистых особи, друг у друга первые,
Любовь, но хорошо и как гимнастика,
Заходят, кабак битком, видят еврея,
Сидит на лучшем месте у окна,
Пьет пиво — опрокидывают пиво,
Выкидывают еврея, садятся сами,
Года два спустя могли убить,
Но нет, еще нельзя: смели, как грязь.

С каким бы чувством я на них смотрел?

А вот с таким, с каким смотрю на все:
Понимание и даже любованье,
И окажись со мною пистолет,
Я, кажется, не смог бы их убить:
Жаль разрушать такое совершенство,
Такой набор физических кондиций,
Не омраченных никакой душой.
Кровь бьется, легкие дышат, кожа туга,
Фирменная секреция, секрет фирмы,
Вьются бестиальные белокудри,
И главное, их все равно убьют.
Вот так бы я смотрел на них и знал,
Что этот сгинет на Восточном фронте,
А эта под бомбежками в тылу —
Такая особь долго не живет.
Пища богов должна быть молодой,
Нежирною и лучше белокурой.
А я еще, возможно, уцелею,
Сбегу, куплю спасенье за коронку,
Успею на последний пароход
И выплыву, когда он подорвется:
Мир вечно хочет перекрыть мне воздух,
Однако никогда не до конца:
То ли еще я в пищу не гожусь,

То ли я, правду сказать, вообще не пища.
Он будет умирать и возрождаться
Неутомимо на моих глазах,
А я — именно я, такой как есть,
Не просто еврей, и дело не в еврействе,
Живой осколок самой древней правды,
Душимый всеми, даже и своими,
Сгоняемый со всех привычных мест,
Вечно бегущий из огня в огонь,
Неуязвимый, словно в центре бури, —
Буду смотреть, как и сейчас смотрю:
Не бог, не пища, так, другое дело.

Довольно сложный комплекс ощущений,
Но не сказать, чтоб вовсе неприятных.

+++

И разумеется, все это сбудется —
Весна дождливая, трава еще нестриженая,
Полузабытая покинутая улица,
Толпа ликующая, несколько пристыженная,
И возвращенье эмигранта-триумфатора,
Иноплеменными объятьями захватанного,
В рыданиях сближения внезапного
Тепла и холода, Орды и Запада,
И омоложена, и так облагорожена,
И вмиг завалена всеобщим подаянием
Полураздавленная, плачущая Родина,
Преображенная повальным покаянием.
Не может быть,
Чтобы твои усилия
Ради всего живого-прогрессивного
Пропали зря. Поверженных помянем,
Почтим их память массовым камланьем.

Над нами небо исполнения желаний —
Лилово-серое над ядовитой зеленью,
Столь милосердное над безутешной плесенью,
Над всей открывшеюся бездной омерзения,
И мразь, бегущая в Италию и далее,
И ядовитые газоны цвета озими,
И ощущение, что все-таки мы дожили,
Хотя и жизнь ушла на выжидание.
И черви под дождем полураздавленные,
И посрамленные пророчицы бездарные,
Хотя что так все будет — знал из Дарвина я,
А если честно, знал бы и без Дарвина.

И все бы хорошо, но отвлекают
Откуда-то долетающие звуки —
Полузабывшиеся люди отвлекают,
Напоминая об окончившейся муке,

Но в общем это можно игнорировать,
Все заслонить озоном и газоном,
Оттенком Родины, очнувшейся в разлуке,
Тем материнским, серым и зеленым,
И розовым! Еще немного розовым!
Иль это цвет червей? Но также детства.

...Но, разумеется, и это тоже сбудется —
Столица мира, нашими захваченная,
Рычанье танков, воинская музыка,
Опять победа, дорого оплаченная,
Толпа ликующая, несколько пристыженная,
Молящие о снисхожденье матери, —
Но Родина гуманна, и не мстит же она:
Вы обыватели, и вы не виноватее.
И то сказать,
Мы разве ненавидели?
Оставьте причитанья пономарьи —
Мы просто ваше благо лучше видели
И ваше счастье лучше понимали.

Над нами небо исполнения желаний —
Вечно-весеннее, слегка дождливое,
Из-за руин до победителя доносится
Блаженный отзвук ликованья черни,
И этот час неокончательных итогов —
Неразличаемо, дневной или вечерний,
По резко пахнущему мокрому асфальту —
Полураздавленные розовые черви,
Не может быть,
Чтобы твои гуляния
Для угнобления всего нерегулярного
Пропали зря.
Они разверзлись адом
И увенчались воинским парадом.

И жизнь была не средством достижения —
Достичь нельзя, мы тут не ради спорта, —
А накоплением картинок для просмотра,
Когда пора настанет их просматривать.
Роднят их только сумерки весенние,
Они свои у каждого героя,
И чтобы каждый раз не рушить строя,
Их выдают в награду за терпение.

Мешают, правда, отвлекающие звуки —
Не то какие-то рыдающие внуки,
Не то как будто металлические звяки
В кювету бешено бросаемых приборов,
Таких сверкающих железных инструментов,
Чья грозность мнимая сравнима с бесполезностью,
О чем еще не знают люди в белом,
И благородный муж, на возвышении,
Внимая плеску своего триумфа,
Не отвлекается на реанимационные,
Уже ненужные
Мероприятия.

ДЕКАБРЬСКОЕ

Да разве могут дети юга
Понять, что значит Кали-юга?

Кто видел лед воочью,
Тот верит декабрю.
Декабрьской этой ночью
Я правду говорю.

Сперва мы выживали —
Болтун, жуир, позер;
Потом мы выжидали,
И это был позор.

Потом нас выжимали
Из наших нищих нор;
Потом нас выжигали,
И это до сих пор.

Какое шерри-бренди?
Наш выбор — шерить бред.
Мы в нисходящем тренде.
Другого, впрочем, нет.

Печальней буквы точка.
Молчанье хуже фраз.
Нас всех заменит то, что
Гораздо хуже нас.

Чуму убьет холера,
Война снесет тюрьму,
Садиста-офицера
Матрос убьет в Крыму.

Идейного злодея
Скальпирует злодей

Из первого отдела
Без правил и идей.

Бордюр заменит плитка,
Бойца сожрет прохвост,
Допрос сменяет пытка,
А пытку — холокост.

Тебя убьет не равный,
А вирус, или ЧОН,
Иль выродок державный,
Что тоже обречен.

Тебе солгал родитель,
Когда привел на свет.
Тлен — общий победитель,
Другого, впрочем, нет.

Тьма — не Тартар, не Кали,
Она со всех сторон.
Добро же с кулаками —
Вообще оксюморон.

Добро всегда случайно,
Как милость, как просвет,
И только в этом тайна,
А больше тайны нет.

Добро не торжествует.
Оно сидит, тоскует
И смотрит из угла
На поединки зла.

ДОСТОЕВСКОЕ

Двести лет, получается, вместе. Как-то скромен его юбилей.
Мне же мастер хтонической жести с каждым годом родней
и милей. Мне привычно клеймо святотатца, так что
прямо скажу, господа: уважаю, но, страшно признаться,
я его не любил никогда. Ряд обсессий, шершавости
слога, страсть к еврейству и злобный оскал... Он как
будто не чувствовал Бога, потому-то всю жизнь и искал.
Оппозиций, по-моему, ложных многовато. Герои —
отстой. Памфлетист в нем сильней, чем художник, — что
заметил еще и Толстой. Невоспитан, во всем неумерен,
отдохнуть от себя не дает... Зло он чувствует, видит, умеет;
как добряк, так всегда идиот. Перманентно страдая без
гро́шей, плюс рулетка еще заодно... Безусловно, он был
нехороший. Драма в том, что хороших полно. А народ наш
такой бедолажий, злой к соседям, терпимый к ярму, —
наше дело его будоражить, а утешить найдется кому.
Знать, он все-таки чувствовал слово, если так его тексты
фонят, раз не любят его, как живого, — я и сам далеко не
фанат. В описании дьявольской мессы он действительно
неповторим; хорошо, что написаны «Бесы»! Надо б
«Ангелов» томом вторым: про охранку, доносчиков,
слежку, неразлучных с ножом и кнутом палачей и попов
вперемешку, и частично идейных притом... Он постиг
наши вечные войны, сам участвовал в этой войне:
Достоевский, тебя мы — достойны. Прочих — вряд
ли, тебя же — вполне. Да, плохой. Но не пошлый, не
ложный, не с тупой показною сохой — невозможный,
противный, тревожный, настоящий, бесспорный плохой!
Голос искренний, с самого низа, из подполья, из злого
угла! Лишь калека, безногая Лиза, полюбить бы такого
могла. Но уж так развелося хороших, безупречных и
правильных, нах, в этих эппловских их макинтошах, в
отутюженных чистых штанах, что и вправду порою охота,
эту кодлу увидев кругом, с отрешенным лицом идиота
стать всеобщим заклятым врагом!

Достоевский, ты русская жопа! Пахнет истиной каждый абзац. И приятно, что любит Европа эту жопу со страхом лобзать.

Стиль неряшлив, но дело не в стиле. Он отбросил надежду и лесть: все писатели русскому льстили — он один нас увидел как есть: черномазовы, сладость разврата! Правда, все-таки вставил, пострел, одного симпатичного брата — про него дописать не успел. А не то бы, глядишь, и с Алешей разобрался в манере своей...

Не хороший, отнюдь не хороший. И отдельно скажу как еврей: мы гордиться собою умеем — даже, можно сказать, из могил. Мне приятней считаться евреем, потому что он нас — не любил.

+++

Спасибо, Господи, спасибо
За то, что я еврей —
Доисторическая рыба
Из высохших морей,
Былого замысла осколок,
Как Ездра говорит,
Читатель, жрец, халдей, астролог,
Твой прежний фаворит.

Сверх дела всякого и слова
На мне стоит клеймо,
Оно до выбора любого
Решает все само —
Неубиваемая прожидь!
И каждый Вавилон
Меня стремится уничтожить
За то, что я не он.

За то, что средь окрестных топей —
Свидетель я немой
Несостоявшихся утопий
Твоих, Создатель мой;
Твоих Содомов и потопов,
Шумеров и Аккад,
Твоих этапов и окопов,
Бойниц и баррикад.

А то — подумай! — как бы сладко
Поставить подпись-крест
За наведение порядка
В пределах здешних мест!
Но база всякого порядка —
Чтоб был убит еврей,
Не оставляя отпечатка —
И лучше поскорей.

...Вот так посмотришь фильм Лозницы,
Прочтешь две-три статьи,
Заглянешь в черные глазницы,
Двадцатый век, твои —
Нет победительней соблазна,
Чем встать по росту в ряд
И дальше действовать согласно
Тому, что говорят.

Чуть об ином грядущем Хаме
Напомнит стук сапог —
Кругом бегут к нему с цветами;
Глядишь, и я бы мог,
Как мой сосед, что с хлебом-солью
Встречает смерть свою,
Вполне доволен скромной ролью
Бойца в ее строю.

О, мой сосед, чья хата с краю!
Прости меня, изволь,
Что я тебе напоминаю
Про этот хлеб и соль.
Ты честный чел, ты добрый малый —
Но я навек иной,
Хотя и несколько, пожалуй,
Избыточной ценой.

ГРАЖДАНСКИЙ РОМАНС

Прохладные, блеклые звезды июня
И росные травы по брюхо коню,
Осиновый трепет — не медли, Иуда! —
И степь как могила soldat inconnu,
Ночная равнина, где хватит простора
Для слова пустого и дела простого,
И все эти бонусы русским даны
На случай гражданской войны.

Сирени, рябины кладбищенский запах,
Дрожащий от шорохов сад-огород
Даны для прощаний: ему-то на запад,
А ей-то, как водится, наоборот.
В России все спутницы, все домочадцы
Нужны для того, чтобы с ними прощаться:
Для долгих сожительств они не годны —
Зато для гражданской войны!

Чуть ночь засинеет в проемах оконных,
Мне строки окопные сердце сожмут,
Мне видятся всадники в шлемах суконных,
Они не серпами, а шашками жнут.
Постылой торговли верней продразверстка,
Взаимные пытки живей производства —
Мои соплеменники вечно верны
Законам гражданской войны!

Тачанка и пуля — вернее корыта,
Кумач и бинты интересней рядна.
Война бесконечна: порой она скрыта —
Разруха вечна и повсюду видна.
Обстрелян пейзаж из невидимой пушки,
Приметы бомбежки на каждой опушке,
В любой электричке глядят со стены
Декреты гражданской войны.

Как жизнь без нее лишена содержанья!
Как эти пространства пусты и тесны
Без волчьего воя, без конского ржанья,
Без смертного запаха поздней весны!
Поволжские струги, забытые страхи
Колышет державный ее амфибрахий
И входит в мои предрассветные сны
Кануна гражданской войны.

+++

Мы смысла ждем?
Вот тебе смысл, изволь:
Ты был рожден
В кафе передать соль.
Морской причал.
Вздрагивающая гладь.
И я вручал,
Но некому было брать.

Мы соль земли,
Как было предрешено,
Но видишь ли —
Ее и без нас полно:
Лежит пышней,
Чем чистый степной снег,
Свисает с любых ветвей,
Со всех стрех.

Похоже, когда Господь
Создавал соль —
Задумал одну щепоть,
Но вошел в роль:
По ходу земных дорог
И людских воль
Рассыпал ее поперек,
Разложил вдоль.

Уместнее был бы сахар,
А мы — соль.
Уместнее был бы знахарь,
А мы — боль.
Уместней тоска по раю,
А нам — труд.
Теперь вообще не знаю,
Зачем я тут.

Я знал чудаков и чудищ,
Графинь и пролш*.
Видел и тех, кто будущ,
И тех, кто прошл.
Но видит Бог –
Я так и не встретил столь
Пресного, чтобы я мог
Передать соль.

* Пролша — самка прола.

НА МОТИВ НЕКРАСОВА

Странно думать, что все это временней
Хомяка, мотылька, сквозняка,
Все ходы человечьего племени,
Все уловки его языка:
Этот умница, эта красавица,
Звонкий стих и цветущая плоть —
Неужель ничего не останется,
Где-то там, в директории хоть?
Даже гений, наивно уверенный,
Что поэтика выше носков,
И несчастный присяжный поверенный,
Похороненный в городе Псков
Под плитою, забытой, замшелою,
Заставляющей вскрикнуть сквозь сон:
Что я делаю, что я здесь делаю! —
Зуккенсон, боже мой, Зуккенсон!

Правда, кажется даже бессмысленней
Сохраненье на тайных складах
Этой всей — чем наглей, тем бесчисленней, —
Запыленной в бессчетных годах,
Этой лезущей в окна материи,
Каждой осыпи, каждого пня,
Каждой туфельки, каждой бактерии,
Каждой гадины вроде меня!
Что такого бесценного вызнато
Этой бурной, зловонной рекой,
Надоевшей уже и при жизни-то,
А посмертно вообще никакой?
Дуры, воины, сивые мерины —
Что за пошлость беречь этот хлам!
И конечно, присяжный поверенный:
Танненбам, боже мой, Танненбам!

Но не зря же я все-таки прыгаю,
Жду зарю, возражаю царю...
Я там буду, наверное, книгою:
Сняли с полки — и я говорю.
В полусне пребывает, в апатии,
Забывая свои же слова,
Но представится случай — и хвать ее!
И поет, и орет, и жива.
А наскучит пылиться на полочке
И потянет поплавать в Крыму —
И среди новорожденной сволочи
Я найду подселиться к кому.
В их сознания, гаджеты, виджеты
Так впечатаюсь, что не сотрут:
Только что Иванов — а гляди же ты:
Зильбертруд, боже мой, Зильбертруд!

Книга
вымышленных городов

ПРИМОРСКИЙ БЛЮЗ

Они идет, почти бегут, их гонит холод, любовный голод,
В окно бормочет первый дождь, дом спящ.
Едва порог перешагнув, она снимает город,
Распахивает ночь, как плащ.
Не тратя будущего времени, не спрашивая имени, —
Как воин, кровью чудища отравлен,
Она срывает эти древние, срывает эти дымные
Окалинные улицы окраин.
Она сдирает этот город, моря морок, платья ворох,
Она кидает в сторону страну,
Пинает прочь всех бывших, всех любивших, о которых
Теперь презрительно шипит: «Да ну!»
Она расстегивает бусы ртутных фонарей,
Турусы мутных февралей, лоскутных сентябрей,
Она отбрасывает гордость, память, совесть, честь —
И перед ним стоит как есть.

И море буйствует у мола, словно смотрит за ней —
Берег гол, и море голо. Ни судов, ни огней.
Когда-то, видимо, у мира был хозяин,
Но берег выстужен, разобран, разбазарен.

Сперва оцепенев, в неверном свете окон
Он скалится в ответ — и вот
Одним движеньем сбрасывет плоть, как кокон,
Лицо с себя, как маску, рвет.
— Я ненавидел мой город с этим портом и центром,

С висячими мостами семью!
Меня никто не любил, — кричит со странным акцентом, —
И сам я ненавидел семью.
Сейчас я сброшу все, что было, больше нечего снимать,
Меня и мать не любила, она была мне не мать!
Будь проклят душный край папашин черных пашен,
    красных башен,
Навязанная кровь, плоть, кость! —
И перед ней уже стоит, беспомощен и страшен,
Ужасный иномирный гость.
Не разглядеть, где жало, где глаза, где жвала,
Тонкий писк — бессильный позывной,
Его ужасно жаль, его довольно мало:
Таракан, хотя и неземной.

Стыдно морю в час отлива. Вероятно, отлив
Отрекается от мира, потому что брезглив.
Когда-то, видимо, у мира был хозяин,
Но бросил отпрысков, устав смотреть в глаза им.

Она глядит на эти жвала, молчалива и кротка,
Как та лягушка после бала на Ивана-дурака.
Она в ответ глядит без страха, но с такой тоской,
Как на детей земного праха смотрит царь морской,
Как великан - на детский чепчик, или царь — на чернь...
— Ну вот зачем, — печально шепчет, — вот зачем, зачем?
Любовь, она такое дело, что стыдно длить любую ложь, —
Все тянет сбросить, вплоть до тела, но тела все-таки не
    трожь.
А то ты не знал, что мы шпионы, лениво тянущие роль?
Нас миллиарды, миллионы, а коренных тут просто ноль.
Земля летит себе в астрале, полна притворщиц и зануд.
Зачем нас всех сюда заслали — узнаем, если отзовут.
Никто не знает, что мы ищем, то ли правду, то ли нефть,
Но нефть потребна только нищим, а правды не было и нет.
Одна утеха — эти ночки, сырые сумерки весны.
По правде, наши оболочки на это только и годны.

Сбрасывай любые покровы, но не доскребайся до дна,
А то, чем тащить тебя такого, лучше я останусь одна.

Я наигралась, отревелась, теперь не движусь дальше ню —
Шалишь, любую откровенность пресекаю на корню.
Какой позор, какая скука! Я сброшу прелести свои —
И ты увидишь, что я гадюка из созвездия Змеи,
И до того велика Вселенная, что шанса встретить земляка
И с ним вступить в увеселения ни разу не было пока.
Так подбирай свои девайсы, пока в окне еще черно,
И одевайся, одевайся. У нас не будет ничего.

Стучится дождь. Рассвет сочится. В передней, сгорбившись,
        стоим.
В квартире холодно, нечисто и тесно выродкам двоим,
Но так печально, так тревожно, так одиноко, так мертво,
Как будто было все, что можно, и даже более того.

А море после бурной ночи дремлет тихо, как пруд,
Само не знает и знать не хочет, зачем оно тут.
Когда-то, видимо, у мира был хозяин,
Но улетел, и мы теперь ничего не знаем.

БАЛЛАДА ОБ ЭВОЛЮЦИИ ЖАНРА

Триллер семидесятых, мусор, но не позор:
Маленький город в Штатах возле больших озер,
Душный уют предместий, детские голоса
И никаких предвестий в первые полчаса.
В девку влюблен ботаник, девкин папаша крут,
Девка скорее пряник, папа скорее кнут.
Легкий налет тревоги: мертвенный цвет луны,
Сбитые на дороге лани и кабаны...
Впрочем, еще на титрах в пятки уйдет душа
От предсказаний хриплых местного алкаша:
Ежели кто в загранке, в царстве расхожих правд,
Видывал мир с изнанки — разве что алканавт.

Но тут вырывается магма, магма, копы бегут на взрыв,
Дитя надрывается: «Мама, мама!», кошки орут навзрыд,
И в брызгах гнили, в запахе гари на свет являются твари,
     твари,
Черный панцирь, алая слизь. Ждали и дождались.
Это могут быть черви, черви — гумус прибрежья щедр,
Может быть вариант дочерний ящеров из пещер,
Или до времени незаметный захватчик инопланетный,
Который понял, что мир ослаб, и бросился на растяп.

Ботаник делается брутален (а втайне и был таков),
Тварей выдавливают их спален, подвалов и чердаков,
Почва черна от тварей, старшая тварь мертва —
Как сочинять сценарий будущих Тварей-2?
Только припев осиплый местного алкаша
Нам обещает сиквел, публику тормоша.

Триллер восьмидесятых снят через десять лет
О роковых расплатах: здесь хэппи-эндов нет.
С первого кадра ясно: осень, пора истцов.
В кронах желто и красно, полог небес свинцов.
Странности в нашей паре. Девка, порвав с отцом,
Мужу родит от твари тварь со своим лицом.
Чувствуя слишком остро фабульный поворот,
Девка, вцепившись в монстра, монстра не отдает.
Он же лепечет: «Мама»! Он же освоил речь!
В ней же теперь программам вечно его беречь.

— И если ты хочешь знать, скотина, пафосный лоботряс,
Когда меня эта тварь когтила, я кончила в первый раз,
Поскольку сами мы твари, твари, миледи и Маты Хари,
И мне милее склизкий паук, чем лысый доктор наук!
Есть грань меж нами, и эту грань не протаранишь лбом.
В любой из нас притаилась дрянь, а может быть, и в любом,
И я не отдам моего уродца, пусть даже тут все взорвется.
И прячет страшного малыша в трущобе у алкаша.

Триллер из девяностых — в нем уже твари все:
В спальнях и на погостах, в школах и на шоссе.
Днем они в стаде, в паре, пафосны и грубы,
В баре торчат, как баре, в офисе, как рабы,
Бацают на гитаре, арфе или дуде —
Но все они только твари, и твари они везде.
Днем ритуально носят галстуки и пальто,
Ночью уже не косят, твари, ни подо что.
Форменный бестиарий, сборище адских харь —
Все они твари, твари! Смотришь — ты тоже тварь.
Взглянешь в глаза подругам, детям в глаза взгляни,
В зеркало, в пятый угол — всюду они, они.
Как удается падлам это внушить глазам?
Двадцать ли пятым кадром? Газ ли пускают в зал?
Улицы слизью покрыты густо. Вот она, власть искусства!
Сколько шарами вокруг ни шарь, всюду находишь тварь.
Все уже стало единым циклом. Приквел втекает в сиквел.
Жалко, что помер местный алкаш. Или он тоже ваш?

...Триллеры новой эры! Бросив страну, семью,
Рыцарей новой веры тайно опознаю.
Подозреваю сильно, глядя в родную хмарь,
Что и создатель фильма, в сущности, тоже тварь.
Ужасов снявши сотни, в пламени и дыму,
Сам-то он их не смотрит, на фиг они ему.
Мы себе зренье привычно тешим этим голимым трешем,
Он же снимает себе давно подлинное кино.
Я-то давно сквозь угар и хаос вижу этот артхаус,
То, что он смотрит, аспид рябой, наедине с собой:

Липы, дожди, вокзалы, съемка через вуаль,
Спрятанные финалы, смазанная мораль,
На синих волнах эфира все время слышится плач,
И это изнанка мира, сколько ее ни прячь:
Мир — это сон урода, нежность нетопыря,
Трудности перевода, попросту говоря,
Сладкие грезы тварей, песни ночных болот,

То ли кошмар в кошмаре,
То ли наоборот.

ДВОРЕЦ

Когда б против всяких правил
Меня Творец
Царем над людьми поставил,
То под конец
Я по себе оставил
Одно — дворец.

Заботиться о народе —
Избави Бог!
Почтителен к несвободе,
К свободе строг,
Коварен, неблагодарен
И неглубок:
Уму его нужен барин,
Душе — лубок.

Преемник сорвет иконы,
Изменит строй,
Прикажет мои законы
Сменить на свой,
Прикончит потомка-гниду
И царский род —
Но стену и пирамиду
Не разберет.

Дворец бы стоял на склоне
Горы, холма —
Я вижу в подобном фоне
Игру ума:
Все в мире на честном слове,
На волоске,

На оползне, наготове
И на песке.
Все в мире кричит «Исчезну!» —
И царь, и князь,
Все время сползая в бездну,
Но закрепясь.

Он выглядел бы жестоко,
Зато легко,
Вобравши ампир, барокко
И рококо.
Уж если я эти строфы
Плету кольцом —
Я слажу без катастрофы
С таким дворцом,
В том ритме, который скошен,
Как корабель,
Раскачан, а после брошен,
Как колыбель, —
Каким описал Волошин
Свой Коктебель.
То медленный, полумертвый,
То вдруг скорей —
Пеоны второй, четвертый,
Меж них хорей.
То пафосно, то богато,
То нищета —
Та-ТА-та-та, тА-та, ТА-та,
Та-та-та-ТА.

Внутри же его громады,
Что сплошь бела,
Там были бы анфилады
И зеркала.
В их множественную млечность
Взгляд углубя,
Мы зрели бы бесконечность,

А в ней себя —
Так в прошлое с почвы местной
Глядят хлыщи,
И образ более честный
Поди сыщи.

Внизу же, как сон кошмарный
Талисы Старк,
Разлегся бы регулярный
Огромный парк,
И он бы означил кратко
Дворцу вослед
Вмешательство распорядка
В жилой расцвет.
И был бы насквозь расчислен
Его ландшафт,
Как царство грошовых истин,
Дежурных правд,
Там были бы липы, клены,
Порой дубы,
Их выстриженные кроны —
Шары, кубы,
Он тоже бы мне удался,
Как бы служа
Метафорой государства
Без мятежа.

А ниже, среди равнины
Полупустой,
Раскинул бы я руины
И недострой.
И он воплощал бы вроде
Как напоказ,
Что было до нас в природе
И после нас.
Ты можешь быть трижды воин
И господин,

Но сколько бы ты ни строил —
Конец один,
И эти напоминанья
Весьма важны
Для ясного пониманья
Своей цены.

А дальше бы только море,
Песок, прибой,
В обычном спокойном споре
С самим собой
Прибоя седая лента,
Безликий цвет
Последнего аргумента —
А больше нет.
А там, за чертой прибоя,
Где цвет глубок,
Кончается все живое
И виден Бог:
Спросите хоть педагога,
Хоть продавца —
Нет лучше вида на Бога,
Чем из дворца.

Но вряд ли меня прославит
Сановный бард,
Едва ли меня поставят
На кройку карт,
Руление частью света
И роль отца, —
Поскольку я знаю все это
И без дворца.

ПАМЯТИ БУНЮЭЛЯ

Когда бы я был Испания времен генерала Франко, —
Зараз содержанка старая и старая каторжанка, —

Где был он в функции промысла, вождя и премьер-министра,
Должно быть, я бы подстроился. Наверно, я бы смирился.
Со временем в смысле почерка он стал добрей неокона —
Сажал уже только точечно. Пытал уже неохотно.
Фрегат, непривычный к плаванью, давно бы дремал в болоте
И мнил его тихой гаванью в предутренней позолоте.
Когда бы я был Испанией времен генерала Франко,
Со лба бы сошла испарина, закончилась бы болтанка,
Пошла бы в рост экономика, взлетев процентов на триста,
Собор бы привлек паломника, курорт бы привлек туриста,
Медлительные холерики смешали бы хронотопы
Не то Латинской Америки, не то Восточной Европы,
И бывшая эмиграция в припадке тоски и злости,
Смущенно включая рацио, пожаловала бы в гости.

И вот ты прибыл в Испанию эпохи позднего Франко —
Не то монумент исканию, не то консервная банка,
В которой лежит нетронутым задор молодого вздора —
Ты прячешь Анри Бретона там и раннего Сальвадора.
И надо ли было мучиться, коль массой твоих сограждан
Другой вариант их участи решительно не возжаждан?
А сколько всего прекрасного, открытого для показа!
Не бедствует зал Веласкеса. Открылся музей Пикассо.
А что ж, Пассионария с ордою бойцов помятых
И прочая вакханалия начала конца тридцатых,
Прыжки из огня да в полымя да вечные эти путчи,
А что, анархисты ПОУМа тебе представлялись лучше?
И вот он бродит по местности, где все наизусть известно,
В сиянье своей известности — сомнительной, если честно, —
Среди журналистов трущихся, терзаясь чувством неясным.
Его былая натурщица на рынке торгует маслом,
Была вся огонь, вся грация, а стала дуэнья, сводня —
Естественная, как нация — что в юности, что сегодня.

Когда бы я был Испания времен генерала Франко,
Я б вечно кивал на Сталина, и в этом была бы правда.
Уж если иметь диктатора, то лучше иметь такого —

Конечно, тоже усатого, а всё-таки не дракона.
Испания испытание прошла в щадящем режиме —
И Франко был респектабельней, и те, кто ему служили.
Испания есть Испания, предтеча Нового света.
От смерти она избавлена, но вместо нее — вот это.

И вот ты стоишь в Испании, допустим, в семидесятом, —
Что проку было в изгнании, бесплодном и небогатом?
Зачем тебе твое мужество, похожее на занудство?
Ведь главное преимущество — что можно будет вернуться
К любимой земле окисленной, к прохладной полоске
     пенной,
Почувствовать жизнь бессмысленной, а Родину неизменной:
Испания есть Испания, на карте она, в груди ли,
Снаружи обычно пьяная, но трезвая в середине,
В закатном алом порезе ли, в просвете неба иного, —
Хорошая для поэзии, дурная для остального.
С ее красотами потными, любезными иностранцам, —
Где пахнет дерьмом, животными, ванилью и померанцем,
Испания есть Испания, недвижная, как эскадра,
Она состоит из калия, она состоит из камня,
Она ничему не учится — в анархии ли, в тюрьме хоть, —
И главное преимущество, что можно опять уехать.

История есть история, все строже, все непреклонней,
Но если уж ты Испания, то лучше быть Каталоньей —
Ходячая патология! Невинная одалиска!
Когда б я был Каталония, я тоже бы отделился.

ГРЕЙХАУНД БЛЮЗ

Автобус междугородный, вечерний или ночной,
Его контингент голодный, ничейный и сволочной,
Бездомный и беспородный, свободный и несвободный,
Садовый и огородный, плодовый и овощной.

Грейхаунд набит грехами, и два его этажа
Качаются, громыхая, подпрыгивая, дрожа.
Грейхаунд набит бомжами, подростками, что сбежали,
Блядьми, которых прижали, и хиппи грязней бомжа.

В России такие едут в ЛИАЗе по вздыбленному шоссе,
По Черни, по Черной Грязи, на Каме или Чусе,
От Велеса до Сварога, от Бога и до порога, —
Но в Штатах таких немного, а наши такие все.

В России зима и лето, Находка и Краснодар
Толкают тебя вот в это, влекут тебя под удар,
Толкает каждое слово, и Выхино, и Коньково,
А здесь дойти до такого — потребен особый дар.

Среди отмеченных даром сидит с печальным мальцом
Бабенка с еще не старым, но часто битым лицом —
Спасается ли от обыска, торопится ли из отпуска
Иль просто увозит отпрыска, расставшись с его отцом.

Младенец ее попискивает, стесняясь чужих ушей,
Улыбка ее заискивает, как часто у алкашей,
Чтоб даже из этого транспорта, заспанного и тряского,
Кто-то, не столь потасканный, не выкинул их взашей.

Но стоит кому-то искоса взглянуть на ее дитя,
А может, в порядке искуса, конфету сунуть шутя, —
В ней тут же изобличится затравленная волчица,
Орлица, стальная птица неведомого литья!

Так вот, мой ангел-хранитель, под чьей корявой рукой
Спасается сочинитель, — я думаю, он такой.
Вы локтем его толкаете. Он как бы всегда в нокауте,
Он как бы всегда в «грейхаунде» над черной ночной рекой.

Он вечно меня таскает по разным материкам,
Нечасто меня ласкает и часто бьет по рукам,

Одежда его замызганная, улыбка его завистливая,
Он смотрит на всех, заискивая, как сука в глаза волкам.

Меня он колотит на людях, чтоб меньше лупил другой,
Скользит на московских наледях кривой своею ногой,
И то — с какого бы горя я видел нечто другое?
Изгоя в стране-изгое спасает ангел-изгой.

Но если какая-то цаца нынче же или впредь
Захочет ко мне прикасаться или как-то не так смотреть,
Прельстившись бедностью этою, — ох, как я вам не советую!
Лучше б вам не рождаться или сразу же помереть.

КАЛИФОРНИЙСКИЙ БЛЮЗ

Кафе такого типа, такого духа, такого вида,
Где скука воняет пронзительней, чем еда,
В котором мог бы сидеть борец-певец из третьего мира,
В последний миг улизнувший из-под суда.
Он думал сказать там речь, манифест несогласия, хули-гули,
Миру явить отвагу свою и месть,
Однако друзья из ближайших слуг ему намекнули,
Что он действительно может сесть.
Он даже был бы готов ненадолго сесть,
И даже надолго сесть,
Поскольку тут замешана честь,
Но он подумал, что это такая жесть,
Которой ему не снесть,
И предпочел на рожон не лезть.
Невыносима же мысль, что сейчас еще можешь туда-обратно,
Свободен куда угодно пойти и сбечь,
А завтра провалишься в бездну, и хуже — в яму, и непонятно,
Кого зажгла бы такая речь.
Добро бы там еще были люди-дрова,
На них бы действовали слова,
Но там же один кизяк, и если бросить его в огонь —

Не будет жа́ра, а только вонь.
И вот он в последний миг забывает связи, долги, преграды,
Боится найти свои данные в стоп-листе,
Трепещет на спецконтроле, но там, он чувствует, только рады —
В побеге он им милее, чем на кресте.
Теперь он сидит в кафе, кругом Калифорния, жаркий запад,
Ни багажа, ни денег, ни языка,
Посуда из-под фастфуда, мутные стекла, тепло и запах,
Какие бывают от очень хорошего кизяка.
Свободен от всех угроз, от гражданских поз, вообще от Бога,
Который раньше за ним присматривал строго,
Но тут отвлекся и перестал, —
И главное, их таких набирается очень много,
Им стыдно, уютно, тепло, убого,
Как было в Гурзуфе в кафе «Кристалл».
Вот пара — сбежать хотела и не сбежала,
Рожать хотела и не рожала.
А вот нашел себя и убрал под спуд…
Торчу в их обществе целый день я,
Вдыхая уют паденья, уют паденья.
Они молчат и едят фастфуд.
Что значит запах фастфуда, запах фастфуда
И музыка там, где за грош его продают?
Они говорят, что нам не уйти отсюда.
И в этом тоже, страшно сказать, уют.
Уют паденья окутал их, словно дымом,
Ненасытимым, неутомимым.
Деваться некуда, ты устал,
И с Крымом случилось то, что случилось с Крымом.
Сопротивляться никто не стал,
Закрылось только кафе «Кристалл».
И я там торчу без цели на самом деле,
Надеясь догнать, от какой разборки, с какой дуэли
Я в прежней жизни сбежал, разозлив Христа,
В какой любви или роли не состоялся,
Что неизъяснимое постоянство
Приводит меня в такие места.

За мутным окном жара и ровное море того же цвета,
Который даже не ведаю, с чем сравню —
С обложкой изорванного журнала в сортире этого же буфета:
На пляже позирует инженю, вероятно, ню.
Разбавленное дождями, растраченное на взгляды,
Поблекшее так, что стыдно признаться вслух.
Таким его видит подросток, сбежавший из вечно сухой
    Невады
В город, где нет ничего портового, кроме шлюх.
Он бросил дома семью, унылую, как склероз,
Равнину плоскую, как поднос,
Теперь жалеет о ней до слез.
Я, то есть он, торгую невкусным, слушаю блюз.
По логике, надо бежать в Советский Союз.
Но Советский Союз накрылся — я остаюсь.
Подумать страшно — вернуться к своим коровам,
Остаться у моря — страшнее: он зол и нищ.
И чем же я в прежней жизни так очарован,
Что нынче разочарован, как этот хлыщ?
Какая там жизнь была — на горном курзале, морском
    вокзале,
Чем я томился, мучился и блистал,
Чего мне такого там обещали, там показали,
Что нынче я всюду вижу кафе «Кристалл»?

Потом наступает ночь — не пешком, как тут, а как в
    джунглях — сразу,
Закат за час лиловеет и тонет, быстр.
Запах еды и скуки, дневную фазу, пустую фразу
Влажная тьма переводит в иной регистр.
Во тьме и запах земных уродин, и запах подводных гадин,
И лязг моторов, бодрствующих в порту, —
Не то что более благороден, но более беспощаден.
А что мы еще принимаем за красоту?
Такая, такая тьма, в которой и я непременно буду.
В которой идет и шатается наугад
Покинутый всеми, изгнанный отовсюду

Былой герой, соблазнитель, растлитель, хват.
А рядом бредет, его подпирая телом,
Заботлива, некрасива, невелика,
Мулатка, им соблазненная между делом, —
Всю жизнь его обожала издалека.
И вот, когда он стал никому не нужен,
Когда его проклял сын, прогнала жена, —
Она объявилась, стала с ним жить, как с мужем,
Выводит гулять, когда спадает жара.
Я, то есть он, брожу теперь вдоль обочин
Дорог, по которым прежде летал в авто.
Мне, если честно, она и теперь не очень,
Но больше со мной теперь никогда, никто.
И вот, почти осязаемо окружая,
Шуршит надо мной, как пальмовая листва,
Облако темного влажного обожанья
И, страшно сказать, подспудного торжества.
Еще бы ей теперь не торжествовать,
Когда мне осталось нехотя доживать,
По душным ночам опускаясь в ее кровать!
Дезертир от судьбы, призвания и суда,
Книжный подросток, заехавший не туда,
Заложник чужой любви, сгорающий со стыда.
И надо ли было двигаться в Сан-Франциско,
Чтобы во мне проснулись эти же господа?
Можно было поехать не далеко, а близко,
Или вообще не трогаться никуда.

+++

Свою жизнь я сравнил бы с городом,
Что сдают и опять берут —
То пальбой, то гурьбой, то голодом,
Как евреи брали Бейрут.

Утопая в жаре, как в патоке,
И в курортной ночной ленце,
Всех впускал — как и я опять-таки, —
И тотально разбит в конце.

Заливает поток истории
Нашу ласковость и ленцу,
И руины, и санатории
Одинаково нам к лицу.

Перерыта любая улица,
Как непонятая строка —
То в руках у злобного умника,
То у вялого простака.

Порт, бульвары, базар, акации,
Вся в заемных словечках речь —
Город труден для релокации.
И от моря куда же бечь?

Перестал я себя отбеливать
И устал попадать под суд:
Всяк захватчик ведет расстреливать
Всех, кто что-нибудь делал тут.

Ни туда ни сюда: барахтанье.
И любой мутноватый вал
Назначает коллаборантами
Тех, кто просто рот открывал.

Ибо с точки зрения дьявола
Я Господень коллаборант,
Всякий раз под новые правила
Нацепляющий новый бант.

Вечер душный, сумрак фланелевый,
Пыль клубами, полынь в степи...
Им, захватчикам, — знай расстреливай,
Нам, потатчикам, — знай терпи.

Да не так ли и вся Вселенная,
Чьи стандарты насквозь двойны?
Метафорика в ней военная,
Как всегда во время войны.

Отвечает на каждый звук она,
Потому что внутри пуста.
Переходит в руки из рук она,
Словно песня из уст в уста.

Только ширится, как в Геническе,
Пир кровавый на сто персон
И поистине органически
Сочетаются хер и сон.

+++

Крупнова Юлька, социопсихолог,
Мне предсказала: путь мой будет долог,
Исполнен гармоничного труда,
Я буду соблазнять красивых телок
И к юным женам залезать под полог,
Но счастлив я не буду никогда.

Все наши отвлеченья бесполезны.
Мы все хотим прикрыть зиянье бездны
Плетеньем дел и кружевом словес,
А между тем за каждым поворотом
Судьба грозит позором, окоротом,
Ударом в нос, отказом наотрез,

И одиночество неколебимо,
И даже с той, которая любима,
Мне до конца не слиться, и весна
Не радует. Меня томят заботы,
И мне до омерзения, до рвоты
Всех истин относительность ясна.

Пришла пора, не брезгуя курсивом,
Сказать: я разучился быть счастливым.
Не карьерист, не сноб, не парвеню —
Я разучился жить себе в угоду.

Но буду тем любезен я народу,
Что в этом никого не обвиню.

1990

+++

Иуду мучает вопрос,
Подобье внутреннего зуда:
Когда бы не пришел Христос,
Никто б не знал, что он Иуда.

И про Пилата сам Пилат
Не знал, что он убийца Бога,
А просто римский бюрократ,
Каких и после было много.

Господь, прикрой мои черты,
Не расчехляй мою обитель.
Великий проявитель ты,
Но горше то, что закрепитель.

Сейчас новейшая война
Открыла нам такие рыла,
Что право, лучше бы она
Их окончательно прикрыла —
Открылась бездна, звезд полна,
Точней, червей полна могила.
А мы не знали ни хрена,
И лучше б так оно и было.

Когда б любой из сотни тыщ —
И царь, и тварь, и зверь, и я, блин, —
Был тихий дачник, робкий прыщ
И оставался не проявлен!

Господь, Господь, не проявляй!
Открытья слишком участились.
Не отправляй ни в ад, ни в рай
Унылых жителей чистилищ.

Чего бы лучше: сон-трава,
Пустырь, болотце, редколесье...
Должно быть, Фланнери права:
Ты зря нарушил равновесье.

Природа хочет быть слепа.
Не прокляни ты нас в распале –
Мы так и жили бы, сопя,
В своем болотистом астрале,
Не доросли бы до себя,
Да и тебя бы не распяли.

ИЗ ПЬЕСЫ

> Так — дети выросли, соседи поменялись,
> Кот убежал, собака умерла.
> *Лев Лосев*

А что война? Что, собственно, война?
Что вечно мне войною тыкать в нос-то?
Создателю не важно ни хрена,
Умру я в двадцать или в девяносто.

Пред Богом все виновны и равны.
Создатель не вступает в пикировки
И мир не отличает от войны:
Он смотрит все на быстрой перемотке.

Любая гибель — гибель на войне,
Она настигнет всех в свою годину.
Мир отдан в управленье сатане,
Низверженному с неба за гордыню.

Все тот же он, и суть его одна:
Он всех приговорил при воцаренье.
Ну вот, война. А если б не война,
Вы думаете, вы бы уцелели?

Она честней, чем пафосный протест.
Она, как вы ни плачетесь, ни врете,
Выводит на поверхность тот процесс,
Который тлеет, словно торф в болоте.

Смерть на войне, полезный идиот, —
Неотменимый повод для почета.
Она тебе иллюзию дает,
Что ты убит не просто, а за что-то.

Война везде, на каждом рубеже,
Хоть все мечи отдайте на орала.
Я мир застал потрепанным уже.
Все, что я видел, только умирало.

Не надо привыкать к цветам, котам,
Соседям, окнам, запахам, посуде.
Вот был мой дом. Меня любили там,
И там теперь живут чужие люди.

Мы все живем в аду. В его жару
Все сплавились, сравнялись злой и добрый.
Разрушат все дома, где я живу,
И мне давно плевать, какою бомбой.

И я признаю всякую вину,
Но незачем в ответ орать истошно:
Мол, ты в тылу... тебя бы на войну...
Я на войне. И не вернусь уж точно.

Новые баллады

ПЯТНАДЦАТАЯ

Несмотря что сейчас
Так угрюмо, бездарно, удушливо,
Если будут не против соседи, земля и вода,
Мы могли бы построить для всех
Золотую Россию Грядущего,
Без кнута и суда,
Для любого, кто хочет туда.

И все стукачи и стукачки,
Кухарки и прачки,
Каторжанин, прикованный к тачке,
И висельник, взорванный в тачке,
Ценители течки и сучки,
Бухла и жрачки,
Служители тайных служб и жрецы айти,
Не дожидаясь получки,
Не клянча подачки,
По праву рожденья могли бы туда войти.

Никто не хочет?
Ну, хорошо-хорошо...

Средь изгоев изгои,
Среди гонимых гонимые,
Мы летим, как снег,
Под безжалостный хор планет.
Нам бы клок земли —
Без воды, без травы, без имени, —
Чтоб построить на нем Россию,
Раз места в России нет.

И все разбойники и охранники,
Циники и охальники,
Кнуты и пряники, диски и многогранники,
Крыжовники и багульники, ягели и лишайники,
Любители суммы и разности, праздности и труда,
Без шума и паники, без шуточек о «Титанике»,
Без тени стыда
Могли бы войти туда.

Никто не хочет?
Ну, хорошо, хорошо!

Мы не просим любви,
Надежд уже не питаем мы,
Презирается наш зарок,
Забывается наш язык...
Нам хоть край земли,
Хоть остров необитаемый:
Если люди не верят,
Попробуем жить без них.

Чтоб худшие виды всего живого и сущего,
Грызущего и ползущего, жующего и ревущего,
Все то, что в землю забито, в воду опущено,
Все то, что внушает злобу и будит страх, —
Сыскали приют в Золотой России Грядущего
И чувствовали себя на своих местах.

Никто не хочет?
Ну, хорошо!
Хорошо!

Проспали свою Итаку мы.
Просрали свою атаку мы.
Полагаться на милость потомков?
О, не мели.
Но трех-то аршин,

В конце положенных всякому,
Никто у меня не отнимет.
Они мои.

И тогда в пылающей бездне,
По слову Тютчева,
Там, откуда уже не выгонят никогда,
Я построю свою
Золотую Россию Грядущего,
И со временем все попадут туда.

Да.
Да.

+++

Цвейг отравился вероналом
И отравил жену,
Хоть дело было бы за малым —
Пересидеть войну,
Поскольку после Сталинграда
Случился бы подъем
И гибнуть было бы не надо,
Тем более вдвоем.

Когда земля погрязла в войнах,
В окопах и во вшах,
Чреда уходов добровольных —
Неблагодарный шаг.
Спроси хоть ксендза, хоть раввина —
Грешно кончать с собой,
Когда планеты половина
Шагает на убой.

Не дотерпел до Сталинграда,
Австрийский автор Цвейг,

Эстет, творец второго ряда,
Любимец белошвеек.
А поскрипел бы, как другие,
Под бременем труда, —
И мог в припадке ностальгии
Вернуться... но куда?

А вдруг не слабостью, а силой
Представиться могло б
Презренье к страсти некрасивой
Пережидать потоп?
Что, если это было жертвой, —
Броском в страну теней, —
Причем двойной, мужской и женской,
Чтоб приняли верней?

Пока ликующая свора
Рулила двадцать лет,
Мы столько вынесли позора
В надежде на просвет!
Все потому, что нет позера,
Эстета старых школ,
Который скажет, что позора
Довольно, я пошел.

Среди горящего металла
Крушителю миров
Лишь их двоих и не хватало,
Чтоб переполнить ров.
Сползла коричневая ересь,
И мировое зло
Двумя австрийцами наелось
И тут же отползло.

А мы-то, нынешние, — ну-тка!
В потопе проливном
Все хнычем: вот, еще минутка —

И будет перелом!
Нам как-то кажется безвкусно
Швырнуть в кровавый фарш
Свое имущество, искусство
И спутниц-секретарш.

Вот потому оно все и длится
Без цели и конца,
Во тьму соскальзывают лица,
Лишенные лица,
И в свой окоп маршируют Швейки,
Расшатывая стих,
И ноют бледные белошвейки,
Оплакивая их.

+++

Безмолвные поля,
Холодный свет небес.
Пускай не время для,
Но невозожно без.

+++

В небе белая полоса,
Инверсионный след,
Висит последние полчаса,
Слабо меняя цвет.

Она становится все темней,
Переходя в ночь.
Я могу наблюдать за ней,
Не торопясь прочь.

Я могу наблюдать цвет
Неба, песка, ветрил.
Смысла больше ни в чем нет:
Если и был – сплыл.

Ни прошлого нет, ни будущего,
Настоящее вот:
Как ни трясешь, ни будишь его —
Безмолвствует или врет.

Решать решительно нечего,
Спешить не знаю куда,
Все обесчеловечено:
Небо, песок, вода.

Так смотрит, шорохи слушая,
Задумчивый азиат:
Узнать, как выглядит сущее,
Из коего смысл изъят.

Ни звука, ни понимания,
Но все продолжает течь
От всякого препинания
Очищенная речь:

Исхода не испорчу
Все рухнуло в ничью
Чем хочу закончу
С чего хочу начну

В небе белая полоса
Белая полоса
Упраздненные полюса
Мертвые голоса

Вырождающийся прибой
Дальние паруса
И хорошо, что у нас с собой
Копченая колбаса

+++

Добро победить не способно,
А зло победить не должно.
Для дьявола это удобно.
Для Господа это смешно.

Добро победить не способно
По самой природе добра:
Оно недостаточно злобно,
Ему не хватает бабла.

Другие нейтральные нации,
Почуяв опасный излом,
Ему не дают авиации
Из страха столкнуться со злом.

И зло победить неспособно,
Поскольку враждебно уму,
Бездарно, безруко, безлобно
И мало способно к чему.

И все в наших кущах и рощах,
К добру безнадежно глухих,
Ведет не к победе хороших,
А к самоубийству плохих.

Два стана, мы бедствуем оба.
Добро, против ветра гребя,
Глядит, как ослепшая злоба
Сама пожирает себя.

И всякий наш путь загорожен,
И всякий наш спор ни о чем,
И этот проект безнадежен,
Но все-таки не обречен,

И словно во тьме замогильной
Вспухают, как атомный гриб,
Рыдания злобы бессильной
И счастья придушенный хрип.

КИТАЙСКОЕ

Если долго сидеть у Желтой реки
В желтом краю, на желтом краю,
Где шепчут желтые тростники
Про буро-желтую жизнь мою,
Смотреть на спящие в ивняке
В ленивом мареве берега, —
Можно увидеть, как по реке
Струится труп твоего врага.

Полно всего по реке плывет –
И это вот, и вот это вот,
Как будто длинный водопровод
Впадает в бурный водоворот.
Плывет крокодил, что твое бревно,
И субмарина, что крокодил,
И все, что я потерял давно
И даже изредка находил.

Пыльный скверик, родильный бокс,
Кризис веры, восстанье масс,
Левиафан, его папа Гоббс,
Капитал, его папа Маркс,
И дождь с грозой, и вождь с борзой,
Небесная твердь, безвестная смерть,
Из Энеиды забытый стих,
Виды и происхожденье их,
Распутица, пересортица,
Инфляция, безработица,
А следом — туп, как два сапога, —
Раздутый труп моего врага.

Хоть он избыточно нагрешил,
Но нынче так умиротворен,
Как будто сам себе разрешил
Не делать зла до конца времен.

Слегка колышет его река,
Как будто дышит кадавр врага —
Как будто машет его рука,
Команду слышит его нога...
Он внемлет загадочным для меня
Речным и лиственным голосам,
А дальше можно дождаться дня,
Когда по реке поплыву я сам.

Вниз, вниз по желтой реке ночной,
Ее широкой дуге, дуге,
Под шорох травный и плеск речной
Забыв о друге и о враге.
Плыву и думаю: все могу!
Какая легкость, какая прыть!
К чему томиться на берегу,
Когда значительно лучше плыть?

А по крутым берегам реки
Расселось все, что по ней плыло,
Сидит Челкаш и несет фуфло,
Сидит алкаш и сосет бухло,
Сидит товар и его купец,
Квинтилий Вар и его отец,
Тяжелый металл и его певец,
Роман «Капитал» и его творец.
История, география,
Инфляция, безработица,
Патетика, апокалиптика,
Поэтика паралитика,
Который плачет, который лжет,
Который бредит, который крут —
Все это сидит у реки и ждет,
Когда по реке
Поплывет
Мой
Труп.

+++

Я не скажу, что ненавижу зет-
Писателей, читателей газет,
Частично проживающих в Европе,
Всех инвалидов сферы половой
И бледных дев из секты ролевой,
Текущих от присутствия в окопе.

Всех жаждущих лизать державный член,
Изгнать меня, внедрить себя взамен,
Дроча на единение с державой,
Которая трехкратно взорвалась...
Но чтобы ненавидеть эту мразь?!
Я даже их понять готов, пожалуй.

А есть еще подгруппа малых дел,
Чей дружный стан сегодня поредел,
Но все еще стенает в прежнем раже,
Кто верит в назначенье и талант
И над собою небо, как Атлант,
Удерживает. Это их слова же.

А как без них? Ведь кто-то должен все ж
Вести кружки, Олимпиады, ВСОШ,
Воспитывать, лечить, работать в школе —
Ведь жаль среды! Собачек, деток жаль!
Но чтобы ненавидеть эту шваль,
Я чересчур высокомерен, что ли.

А ненависть питаю только к тем,
Кто выпал навсегда из всех систем,
Без дрожи оторвался от корыта,
Не стал томиться страхом и виной,
Назвал дерьмо дерьмом, войну войной,
Себя — собой и все сказал открыто.

Я ненавижу их детей и жен —
Кто слез лишен, кто лезет на рожон,
Не ставя в грош ликующую вохру,
Вот этих всех, кто бьется в стену лбом, —
Поскольку был рабом, живу рабом,
Назвал себя рабом и им подохну.

ПОДРАЖАНИЕ ПАВЛОВОЙ

1.

Что значит ваше СВО?
Я думаю, немало.
Нет больше ничего,
На чем бы все стояло.
И мрамор, и гранит,
И зэк, и соглядатай —
Все в воздухе висит,
Как некогда Распятый.

2.

Сойдет ли Благодатный
Огонь на этот раз?
О да, сосед мой ватный,
И именно на вас.
Не помощию НАТО,
А силою молитв
Сойдет он так, как надо.
И вас испепелит.

3.

Чем больше в человеке пустоты,
Тем больше места занимает дьявол.
Довольно дважды вытоптать цветы,
Чтоб все пространство борщевик захавал.

А Господа который век подряд
Среди российской местности угрюмой
Приходится возделывать как сад:
Он сам собой не явится.
Не думай.

+++

Младенцы все рождаются от Бога.
От секса может взяться только текст.
Я представляю, что такое секс,
Я занимаюсь им довольно много.
Но к женщинам ночами сходит Бог,
Чтоб сделать то, чего бы я не смог.
Не зря мы слышим вскоре после свадьбы:
«Мой друг, ты это делаешь как Бог!»
Иначе бы откуда им бы знать бы?

И это я постиг за долгий век,
Который мною прожит:
Что хочешь может сделать человек —
Хоть атомный снаряд, хоть чебурек,
Но человека сделать он не может.

Как летний дождь на всех равно струил
Благую весть надежды и печали, —
Ко всем ходил архангел Гавриил,
Но многие его не замечали.
Вот помните, вам кто-то говорил:
У вас будет девочка, у вас — мальчик,
Старайтесь не курить и не простужаться?
Вот это был архангел Гавриил.

Рожденное от Бога существо —
Улыбки, слезы, дуракавалянье —
Похоже в первый месяц на него,
Но дальше начинаются влиянья,
И многое зависит от того,
Воспитывал тебя, допустим, плотник,
Или садовник, или риш нуво,
Или чекист, заплечных дел работник.
Как для растенья солнце или влажность,
Ребенку нужен гуру и сенсей.

Отсюда исключительная важность
Учительской профессии моей.
Иного так испортила среда,
Что Бога в нем не видно и следа.

Зато Христос, в себе его развив,
Немедля вызвал ярость всяких гадин.
Меж личностью и участью разрыв
В его лице особенно нагляден.
С надиром как бы встретился зенит,
Поэтому он так и знаменит.

А так-то все от Бога, даже ты.
Ты, ты, ты, к тебе обращаюсь тоже.
Ты можешь различить его черты
В своих руках, в своей ужасной роже,
Дар творчества тебе был также дан,
Ты мог решать высокие задачи,
Создать хоть стих, хоть коврик, хоть седан,
Хоть суп сварить, — но ты решил иначе.
И вроде мать приличный человек,
Но, видимо, тебя травили в школе,
Ты опасался зависти коллег
И ложно понимал свободу воли.
Поэтому, покуда ты не труп,
Восстань с одра, свари хотя бы суп,
Хоть из коры кораблик сделай, что ли.

Тем более воскреснут тоже все:
И офисная мелкая букашка,
И бомж, уснувший в лесополосе,
И хищница во всей ее красе,
И скромный автор этого эссе,
Но это не до всех дошло пока что.
Одна из несомненнейших утех —
Что будет час, когда дойдет до всех.

Приснившееся

Стихи мне снятся довольно часто. Иногда это полная ерунда,
а иногда первые проблески новой манеры.

ГОЛОСОМ ШУЛЬЖЕНКО

Помню нашу юность, молодость былую,
Юные попойки, юный пыл,
И что я порою не тебя целую,
А целую то, каким я был.

Спасибо небесам,
Все это тает.
Я так и написал,
Но кто читает?

При жизни только идиот
Себя святым не назовет,
А после смерти только лоха
Охарактеризуют плохо.

На ветку дерева загнал меня енот
Сижу, обнявши ствол, и думаю: ну вот.

ВАРИАНТ

— Man, do you have some grass? — спросил меня енот.
Мне жаль отказывать, но я сказал: I've not.

Смотри: у Ленина хотя бы
В его наследственном ряду
Простые мужики и бабы,

Злодеев не было в роду,
Хоть этой власти основатель
Был маниак и хулиган...
Выходит, воля обстоятельств
Сильней, чем Мендель и Морган.

Славный город Диетоний!
Почему-то он всегда
Депрессивней, монотонней,
Чем другие города.

Храпел ли я? Должно быть, да, —
Спрошу я, лежа рядом с нею,
И покраснею от стыда.
А может быть, не покраснею.

Мы делаем чаши, но чаши не цель.
Учил же нас Кроули, тот, что Алистер,
Что вся наша жизнь — бесконечная щель,
В которую чаша должна провалиться.

Какая, помилуй, романтика странствий!
Какая романтика дальних дорог!
Пойми, что России при этом тиранстве
Давно и навек превратилась в творог!

Что в жизни может быть пошлее
Любви с женатым мужиком,
Когда он гладит вас по шее
Своим нечистым языком.

Пришел полуголый фантом,
Назвавшийся русским поэтом.
И стал говорить не о том.
А я бы хотел — не об этом!

Сосед мой по прозванию Иван
С утра сидит, куря марихуану,
А я ложусь с любимой на диван.
У каждого особый путь в нирвану.

Рассвет выводится, как формула,
Горит, как стыд.
Природа пробудилась, пернула
И дальше спит.

Поэмы

КРЕЩЕНИЕ

Эту маленькую поэму я написал в 1988 году,
в армии, в дни, когда праздновалось тысячеле-
тие крещения Руси, и никогда не печатал. Она
ходила по рукам и попала в интернет. Недавно
я ее перечитал и нашел не особенно устаревшей.
На историчность она не претендует. Несколько
строф мне теперь кажутся лишними, их я вычер-
кнул, а остальное годится. Эта вещь дорога мне
уже тем, что именно ее принес я когда-то при
первом знакомстве Нонне Слепаковой — и был
взят в ученики.

...Настал канун крещенья. Киевляне
О предстоящем ведали заране:
Владимир-князь послал оповестить,
Чтоб все сошлись под страхом строгой меры
На реку для принятья новой веры,
Где лично он намерен их крестить.

Не ведая подобного примера,
Сходились и гадали: что за вера?
О чем кричали княжие гонцы?
При чем река? Зачем идти к Днепру нам?
И наконец, что станет с Перуном?
Уж верить бы, как верили отцы!

Ночь протекла в сомнениях и страхах.
Наутро в чистых вышитых рубахах

Мужчины, жены, дети, старики,
Расспрашивая о последних сплетнях,
Неся с собой больных и малолетних,
Пошли стекаться к берегу реки.

— Что будет-то? — Не ведаю! — Ах, знать бы!
— А как рожденья, похороны, свадьбы
Велят справлять теперь? — Да как-нибудь...
— Такого не упомнится вовеки.
— Я слыхивал — так будто верят греки...
— Какие греки-то? В которых путь?

— В воде сидеть до ночи, не вылазя...
— Не может быть! — Поди спроси у князя!
Спасаем души — не жалеем тел!
— А я еще слыхал, как в прошлом годе
Князь византийку полюбил в походе,
Царевну, — и жениться захотел.

Отец ее — родительское сердце! —
Не выдам, говорит, за иноверца,
Не примешь нашей веры — не прощу!
А князь на это ишь чего придумал:
— Надежны будьте! — говорит. — Приду, мол, —
Не то что сам, а всех перекрещу!

К полудню город опустел, как вымер.
На горке над Днепром стоял Владимир.
Он был суров, глядел поверх толпы
На светлый Днепр; не говорил ни слова
И ждал, покуда все готово.
С ним были иноземные попы.

Как приказали — собирались споро.
Владимир все молчал, дождался сбора
И, наконец, державно глядя пред
Собою, крикнул смирному народу:

— Я стану вас крестить. Ступайте в воду.
Так надобно. Перуна больше нет.

Он замолчал. Испуганно, смиренно
Толпа зашла — сначала по колено,
Затем подале. Сдерживая страх, —
Что, ежели и впрямь стоять до ночи?! —
Засматривали в княжеские очи.
Детей они держали на руках.

Глядели с удивлением и страхом.
Крестились государственно, с размахом:
Так надобно для росской стороны!
К воде сходили по пологим тропам
И медленно спускались в реку скопом:
По пояс забрели — и крещены!

Вода была тепла, подобно млеку.
Владимир ждал, чтоб все спустились в реку,
И вскорости, по-прежнему боясь,
Стояли все в естественной купели.
Владимир подал знак. Попы запели.
Все проходило, как задумал князь.

Толпа была тиха. Окончив пенье,
Попы творили крестное знаменье.
Крестился и Владимир. Вся страна, —
Ответчица и никогда истица,
Те, кто желал и не желал креститься, —
За полчаса была окрещена.

Как их гонцы учили накануне,
Они детей по разу окунули.
Некстати пискнул детский голосок.
Попы и князь Владимир были строги.
Рубахи мокро облепляли ноги,
Подошвы облеплял речной песок.

Пошли на берег. — А теперь-то что же?
Кажись, конец? — Да вроде как похоже...
Теперь им оставалось лишь гадать;
Они не знали, пенье ли, вода ли
Дарует благодать, но ожидали,
Когда настанет эта благодать.

Стояли и крестились неумело,
Когда внезапно что-то загремело.
Взметнулись крики мокрой детворы,
И вскоре каждый с ужасом увидел,
Как кренится Перунов древний идол,
И падает, и катится с горы.

Все ахнули. Иные зарыдали.
Чего-чего, а этого не ждали.
Владыко, всемогущий доброхот,
Давно ли, князь, и ты в благоговенье
У идола просил благословенье,
Отправившись в последний свой поход?!

Здесь праздновали, жертвы приносили,
Удачи и прощения просили, —
Теперь под плеск и гомон птичьих стай,
Поднявшихся с деревьев с криком резким,
Перун катился с грохотом и треском...
Веселое язычество, прощай!

...Что думал ты, Перун, с глухим ударом
Упав на землю? Всевозможным карам
Хотел предать предавших твой венец?
Иль, все предвидя, летним утром этим
Ты их прощал, как неразумным детям
Прощает их покинутый отец?

Прощал ли ты — почти по новой вере?
Прощал, не замечая в равной мере

Ни дыма жертв, ни дыма от костра,
Плывущего сегодня над поляной,
В каком сгорит твой идол деревянный
На берегу безмолвного Днепра?

И думал ты: «Пускай! Не грянуть грому.
Где сбросили один престол — другому
Не устоять, кого не посади.
Прощайте, россы! Радости и мира!
Учитесь отрекаться от кумира:
Вам это пригодится впереди».

А ты, Владимир-князь? Какая дума
Теснила грудь твою, когда угрюмо
Ты на спокойный Днепр взирал с горы?
Суровый, ты ничем ее не выдал,
Когда с престола покатился идол,
Какому ты молился до поры.

Что думал ты, неслыханного шага
Свершитель? Что народу он во благо?
(Едва ли так прекрасна и нежна, —
На деле же крупна и большерота, —
Тебе, красавиц знавшему без счета,
Казалась византийская княжна.)

Иль думал ты: «Нам мало прежней славы!
Мы иноверцы для любой державы,
Чужды друзьям, открыты всем врагам,
Пред силой беззащитны и убоги...
Прости, Перун, мы оба боги,
Переступать — позволено богам...».

...Пока они на берег шли гурьбою,
Что мог ты видеть, князь, перед собою:
Свет завтрашний, зловещую ли тьму, —
И знал ли, опечаленный невольно,

Что бога ниспровергнуть не довольно,
Чтоб называться богом самому?

...Шли по домам в смущеньи и печали,
Оглядывались, думали, молчали.
Не знал ни Днепр, ни солнце в небеси,
Печальное и радостное вместе,
Что только что на этом самом месте
Произошло крещение Руси.

Князь уходил. За ним спешили слуги.
Два облачка качались, словно струги,
Над зеленью днепровских берегов.
Вода в Днепре поблескивало немо.
Горел Перун, сквозь дым уставясь в небо,
В котором больше не было богов.

ДЕВО, РАДУЙСЯ

> В основе поэмы — подлинные события. Я слегка
> изменил хронологию и додумал обстоятельства
> 2011 года.

1.
Мне не дает покоя
Мэрилин Бержерон,
Имя ее литое,
Траурное, как звон.
Памяти не хотела:
Не отыскалось тела,
Не было похорон.

Речь о французской части
Тихой большой страны,
Где роковые страсти
Мало кому видны:

Ни кровожадной власти,
Ни затяжной войны.

Впрочем, пора признаться:
Новый Господень план
Может сегодня взяться
Только из тихих стран.
«Разве у Назарета
Что-нибудь есть внутри?»
Бог говорит на это:
Выйди и посмотри.

В первой главе сюжета
Девушке двадцать три.

2.
Мало мы знаем. Стыдно
Лезть не в свои дела.
Знаем, что миловидна,
Ласкова, весела...
В двадцать, поверь на слово, —
Кто не резов, не мил?
Вьюжный февраль восьмого
Нечто переломил.

Стала она меняться —
Исподволь, без причин,
Прежних подруг стесняться
И избегать мужчин.
— Ишь ты, какая цаца!
Ладно, молчим, молчим...

Дальше, однако, хуже:
Пара недель прошла –
Вроде весна, и лужи,
Первый наплыв тепла,
Встретиться сговорились,

Радостно собрались,
Несколько укурились,
Несколько напились...
Общество раскололось,
Музыка, обжимон...
Вдруг зарыдала в голос
Мэрилин Бержерон
И убежала в полночь,
Выкрикнув на бегу:
— Здесь невозможна помощь!
Больше я не могу!

После ушла с работы
(Дикторша на FM),
И на расспросы – «Что ты?!» —
Стала молчать совсем.
Только один приятель,
Старше да и умней,
Тот, что едва не спятил
Он состраданья к ней, —
Выманил на свиданье,
Но расспросить не мог.
«Я не отстану! Дай мне
Только намек, намек!
Ты проиграла деньги?
Прячешься от суда?
Мы тебя спрячем, денем,
Вывезем хоть куда!»

И, потянув с ответом,
Вытолкнула в ответ:
— Тот, кто виновен в этом, —
Тот не забудет, нет.
Версии сплошь превратны,
Домыслы сплошь пусты.
Выдержу это — вряд ли,
Но уж спасешь – не ты.

Видимо, я одна уж.
Участь моя сейчас
Худшего, что ты знаешь,
Хуже в тысячу раз.

Встала, дыша неровно.
Выбежала во тьму.
Он записал дословно
Сказанное ему.

3.
Я не люблю деталей,
Списков столиц и рек,
Прозы в стихах, реалий —
Все это прошлый век.
Бросив дом в Монреале,
Выехала в Квебек.
Дома не понимали —
Прихоть или побег.

Больше других, возможно,
Чувствовала сестра:
«Очень она тревожна —
Более, чем грустна.
Вдруг прошептала еле,
С мукою на лице:
«Я посреди тоннеля.
Будет ли свет в конце?»

В этой семье, заметим,
Отпрысков было шесть,
Взрослых, и в душу к детям
Там не привыкли лезть.
Вечны и неизменны
Токи родной земли,
Дома помогут стены...

Стены не помогли.

И через две недели,
Утром она ушла:
Дома недоглядели —
Будни, у всех дела.
Паспорт не забирала,
Впрочем, взяла права;
Брата поцеловала —
И была такова.

Камера банкомата:
Горестна, несмела,
Быстро и виновато
Деньги она сняла —
Кроткая, как зырянка,
Бледная, как в кино,
Жалобно озираясь,
Будто бы ждет кого.
После стоит недолго,
Ежась от сквозняка;
С нею рюкзак (а дома
Не было рюкзака).
Вскорости город замер,
Вести о ней ловя,
И на одной из камер
Выплыла, вуаля:
В баре провинциальном,
В ста километрах от,
Шутит с официантом,
Медленно кофе пьет,
В той же немой печали,
В длинном своем пальто,
Ждет, чтобы удержали...

Не удержал никто.

Дома ждала записка:
«Мучаюсь с января.
Хватит. Я буду близко,
Но не ищите зря.
Я заглянула в бездну,
В этом сама винюсь.
Если смогу — исчезну,
Если же нет — вернусь».

Сведений достоверных
Нет о ее путях
Ни в новостях вечерних,
Ни в городских сетях.
Не было встреч рандомных
С Мэрилин Бержерон —
Разве у псов бездомных,
Чаек или ворон.

4.
Это игра в бирюльки.
В яме последних дней
Стыдно писать по-руски
В рифму — еще стыдней.

Что еще делать тем, кто
Сладкий домашний плен
Сбросил в процессе текто-
нических перемен?
(Эти анжамбеманы
Обозначают слом
В схватке с исчадьем маны,
Неискупимым злом.)

Душная чаша Куско.
Склон каменист и крут.
В улицах тесно, густо,
Врут, продают, орут,

Для утоленья жажды
Кислое пьют вино...
Кто завоеван дважды,
Тем уже все равно.

Что еще делать в Куско?
Здесь перуанский Рим.
Здесь чрезвычайно грустно.
Музыки здешней ритм —
Сплав хорея и ямба,
Схватка вещей простых.
Плюс река Урубамба
Так и ложится в стих,
В тесное это русло –
ТА-там, та-ТАМ, та-ТАМ.
Многое видел Куско,
Многих убили там.
Много дешевой шерсти,
Грязных собак и лам,
И ритуальных шествий
С плясками пополам.
Если итожить кратко —
Снизу инкская кладка,
Сверху испанский храм.

Это единый комплекс.
Что изменил Кортес?
Это все неокортекс,
Но невредим контекст.
В мире дешевой шерсти,
Праздников и торжеств
Вера стоит на жертве
И не живет без жертв.

Всюду, куда ни глянешь, —
Ужас, хоть не живи:
На катастрофе глянец,

Празднества на крови.
Так что и эта кладка
Кварца, известняка,
Слеплена из остатка
Мертвого языка —
Без моего участья
Пишет себя сама,
Чтобы среди ненастья
Мне не сойти с ума.

5.
Мне не дает покоя
Мэрилин Бержерон,
Дело ее глухое,
Тягостное, как стон.

Тянется первый месяц,
Душно, как дым, ползет.
Видим другую местность,
Город миль за пятьсот.

Ночь на исходе лета.
Тихий, тревожный час,
Стены в канун рассвета
Чувствуют больше нас.

Ветер. Смятенье. Смута.
Август приговорен.
Тихо. Но почему-то
Пахнет концом времен.
Дом одинокой пары,
Серый, такой же старый,
Как и она, и он.

Стук. Перед ними в белом –
Призраком, мертвецом, —
Женщина с хрупким телом,

С милым худым лицом,
Мокрым от слез обильных.
Черный рюкзак у ног.
— Впустите? Сел мобильник.
Мне бы один звонок.
Я заплачу.
— Да бросьте!
Стала звонить. Гудки.
Что о внезапной гостье
Помнили старики?
Тонкие пальцы, кости.
Тонкие каблуки
Не для дороги трудной.
Страх и тоска в глазах.
Маленький, детский, скудный
Полупустой рюкзак.

И головой качает
Медленно, как во сне:
— Больше не отвечает,
Не отвечает мне.
— Может быть, кофе?
Чаю?
— Я не успею. Не...

Снова гудки.
— Пора мне.
Их накрывает страх:
— Слушайте... лужи, камни...
Вы же на каблуках!
Это не по погоде.
Ночь — что твой чернозем.
Может, мы вас проводим?
Может быть, подвезем?

Словно не понимая,
Смотрит нема, бела:

— Если б пропасть могла я,
Рада бы я была.

Кто на земле упрямей
Мученицы в бреду?
— Тот, кто меня направил,
Знает, что я дойду.

Вышла. Они остались.
Двинулась на вокзал.
Через неделю старец
Сразу ее узнал,
Глядя на объявленье:
— Это о ней, о ней.
Думал потом весь день я —
Что мне всего странней
В ней показалось сразу?
Весь ее вид обрел
Видимый даже глазу
Гибельный ореол.
Видно, что не отсюда:
Наспех и на бегу.
Видно, что так ей худо —
Не пожелать врагу.
Выручит только чудо,
Я же не помогу.

В этом несмелом, белом,
Куртка — и та бела,
Словно бежала с бала,
Сразу же, в чем была.
Помню, что глянул вслед ей —
Улица сплошь мертва.
Темень, и дом соседний
Виден едва-едва,
Только стыдливой боли
Еле заметный след

Тянется — оттого ли,
Что утешенья нет?

6.
Номер установили:
Офис, давно пустой,
Рента, автомобили...
В общем, опять отстой.
Видно, разгадка рядом —
Где же? Проходит год.
Все мы в соседстве с адом –
Вот он, дымит, ревет,
Только цветущим садом
Замаскирован вход.

...Чем ощутимей сумма
Денег за факт любой, —
Ясно: тем больше шума,
Громче его прибой.
Так что ее видали
Прыгающей в вагон,
С парой подруг (в печали
Машущей им вдогон),
В Калгари, в Монреале,
В Портленде (Орегон).
На Миссисипи, Майне,
В лавочке «Кальвин Кляйн», —
Разве что не в Украйне.
Принстон, Сиэтл, Ирвайн...
Публику тянет к тайне,
Сам я любитель тайн.
Шарить в потемках — мило.
Тайна скрывает лесть,
Весть из другого мира,
То есть он как бы есть.

Кто-то (шутить не смею)
С нею делил привал,
Кто-то обедал с нею,
Ужинал, ночевал;
Некий свидетель чинный
Около Круазетт
Видел ее с мужчиной
Старше на двадцать лет —
Словом, она повсюду,
Как кислород. Она,
Как подобает чуду,
В мире растворена.
Должен бродить, как агнец,
Должен смущать умы,
Белый и хрупкий абрис,
Чтоб умилялись мы —
То ли забывши адрес,
То ли прося взаймы.

Эта баллада, тайна,
Хоть и сокращена, —
Строго документальна.
Далее — тишина.
Дальше — моя догадка,
Явленная во сне,
Бегло, негладко, кратко,
Ибо несладко мне.

7.
Следователь без толка
Года три потерял,
Но продолжает стойко
Носом рыть ареал,
Чувствуя в ней не только
Жертву — но идеал.
Как допустить убийство,
Манию, тайный брак —

Если уже влюбился?
(А не влюбиться как?)

Тайную подоплеку
Он ощущал, мечась:
Где-то неподалеку
Бродит она сейчас –
В мире тревог, невыгод,
Станций, кабин, кают...
Все ее видят, видят —
Только не узнают.
Так ученик, измаясь, —
Душно, и ночь густа, —
На полпути в Эммаус
Не узнает Христа.

Так что потянем повесть
Вдаль с грехом пополам.
Вот он садится в поезд,
Следуя по делам
В мартовской электричке.
Пасмурно. Холода.
Шарит он по привычке
Взглядом туда-сюда —
Снег все белей, все глаже.
Просека. Лес. Перрон.
Ищет в любом пейзаже
Мэрилин Бержерон —
И не особо даже,
Кажется, удивлен,
Видя, как по проходу
Прямо идет она,
Словно ему в угоду
Полуосвещена.

Мартовский воздух холоден,
Снежная в окнах взвесь.

Самое время — полдень,
Самое место — здесь,
В пасмурной панораме
Елей и облаков,
В поезде меж мирами
(Поезд всегда таков).

Топает с нею рядом —
Рядом, но одинок, —
С очень серьезным взглядом
Бледный, как март, сынок,
Тих, как беглец из гетто,
Чтобы себя и мать,
Вечно скитаясь где-то,
Плачем не выдавать.

8.
Шествует, всем чужая,
И, поглядев в упор,
Будто бы продолжая
Начатый разговор,
Молвит, превозмогая
Страх, хрипоту и бред:
— Весть — для кого благая,
А для кого и нет.

Всякий, кто избран, — изгнан.
Лопнули все круги.
Выдернули из жизни
И говорят — беги:
В Ерусалим, в Египет,
Главное — за порог.
Гнут тебя в рок эдипов
Или в бараний рог,

Будет твой мир лоскутный —
Жертва чужих большинств —

Сплошь состоять из плутней,
Мерзостей и бесчинств.
Участи бесприютней
Не отыскать, не тщись.

И ни друзей, ни близких.
Сам себе круг и слой.
Вычли из всяких списков,
Чтобы добавить в свой.
Мир твой отныне сужен.
Царствует в нем, как ночь,
То, для чего ты нужен:
Все остальное – прочь.

Но от любых напастей
Участь хранит сама:
Будет ли что опасней
Авторского клейма?
Сразу, без всякой пробы,
Ты получаешь роль:
Много тоски и злобы,
Но колебаний – ноль.
То, для чего ты сделан,
Прочно, как сверхалмаз.
Ни человек, ни демон
Не остановит нас.
Тот, кому имя пахарь,
Будет пахать во сне,
Тот, кому имя бахарь,
Будет болтать в огне.
Тем, кому быть экспатом,
Нету дорог святей.
Тем, кому быть распятым,
Нету других смертей.

И, поглядев на сына:
— Может, и слезы — грех?

Это же ненасытно.
Всех ему мало, всех.
Больше уже не плачу,
Только молчу в ответ.
Нынче его я спрячу,
А через тридцать лет?

Поезд ползет по склону.
Серо со всех сторон.
Шествует по вагону
Мэрилин Бержерон
С кроткой улыбкой бледной,
С мальчиком, года три.
Следователь, а вслед ей
Все-таки не смотри!

9.

Что-то срывает с места
И подгоняет в путь.
Слово «куда» нечестно,
Слово «зачем» забудь.

Что-то шумит в тумане,
Гулкое, как прибой,
Тянет, как на аркане,
Прочь от всех — за собой.
Листья срывает с ветки,
Граждан сбивает с ног...
Бедные мои детки,
Доченька и сынок!

Сам от себя не скрою:
Жар мой почти потух.
Хочется мне порою
Жалобно крикнуть вслух
То, что со страшной силой
Мне надрывает грудь:

«Господи, всех помилуй,
А про меня забудь».

Но повторишь, листая
Собственный бред:
— Молчи.
Еле живая стая
Так и бредет в ночи.
Петр, Иоанн и Павел
С нами в одном ряду.
Тот, кто меня направил,
Знает, что я дойду.

СУД
КАНТАТА

1.
Все, что еще не молчало, — посажено,
Все, что покуда торчало, — приглажено
Или ушло на этап.
Все, что работает, — шахта да скважина,
Да и они кое-как.

И разумеется, — говнописатели,
Баблососатели, звездострадатели,
Их ремесло таково,
И дознаватели, то есть пытатели, —
Но и пытать-то кого?

Кто убежал в заграничную вотчину,
Кто приспособился к страху и прочему,
Кто от позора угас...
Как ни учил их — а выучил вот чему
Цайта окрестного гайст.

Из озверевших от крови полковников,
Из ожиревших по брови чиновников,
Всех отпущенья скотин,
Потенциально возможных виновников —
Тупо остался один.

2.
Разгадка нам ниспослана,
Расколот наш орех —
Давай назначим Господа
Ответственным за всех!

За отнятые области
И сданные полки,
За все чужие доблести
И наши косяки.

За каждого предателя,
Шпиона, беглеца
Пора привлечь создателя —
И Сына, и Отца.

Спецслужба все Отечество
Схватила на учет,
А главного ответчика
Никак не привлечет.

Ведь он главней Мишустина
И шефов СВО!
Ведь это же кощунственно —
Сказать, что нет его!

И так который век его
То славим, то хулим...
А больше просто некого.
На то мы Третий Рим.

Защелкнулась защелочка,
Сместились времена,
В лесу родилась елочка —
Священная война!

А если рать продвинется,
Пойдем на Киев мы,
Падут и Днепр, и Винница,
И Харьков, и Сумы, —

Во всю ли мощь стозевную
Воспеть хвалу верхам,
Икону ли музейную
Внести в бассейный храм...

Польстить, допустим, орденом
Монашеству всему...
А если даст по морде нам
Руками ВСУ —

Увы, полно у Господа
Сомнительных друзей:
Отнимем все, что роздано,
А Троицу — в музей.

Не сдать его анатому,
Не взять его в тюрьму,
Но можно же анафему
Провозгласить ему.

За каждым отступлением
Последует приказ:
Всем конным оцеплением —
Рубить иконостас!

В отличье от Европы-то,
Где верующих нет,

У нас такого опыта
Полно с двадцатых лет.

Объявим поджигателем,
Свидетелей не счесть,
Признаем нежелательным —
Опять же опыт есть!

Раз мы ему не нравимся,
То вот ему от нас.
А в плане иноа́гентства —
Он а́гент номер раз:

И впрямь, не объявить ли Бога
Первопричиной всех смертей,
За жертвы не спросить ли строго,
По крайней мере, за детей?
К нему претензий очень много
В особенности у чертей.

Друг человека, добрый дьявол,
Ему мешал где только мог,
Но в душный ад его отправил
Тоталитарный алчный Бог,
И воцарился скучный Авель —
Подлиза, бо́тан, демагог.

Нам Люцифер принес ремесла,
Принес порядок Ариман,
Во всем, что тонко, всем, что остро,
Мы зрим его высокий план;
Им вдохновлялся Калиостро
И поначалу Томас Манн.

Все это знали Байрон, Каин,
И первый гностик Иоанн:
Он понимал, кто здесь хозяин,

А кто, напротив, окаян,
И от Москвы до тех окраин,
Где только ночь и океан, —

На всем убожестве убогом,
Где гордость вытеснила стыд,
На каждом пне, над каждым блогом,
Где новый злобствует Терсит, —
Анонс программы «Суд над Богом»
С бессильным вызовом висит.

3.
Мы колоссально ускорили
Ход сверхдержавной ладьи.
Мнилось, в финале истории —
Господа суд над людьми.

А оказалось, что Господа
Люди осудят в конце.
Будет коллегия созвана —
Орган СКРПЦ.

Всякая организация
Только тогда хороша,
Если торгует эрзацами
И не творит ни шиша.

Это ведь мирного жителя
Надо ловить, уличать,
А уличить вседержителя
Проще, чем шлепнуть печать.

Где-то он есть, разумеется,
Но до скончанья времен
Столько еще перемелется...
Да ведь и милостив он!

Все еще долго до морга нам.
Да ведь и родина-мать
Знает: карающим органам
Надо себя занимать.

Надобны щелки, отдушинки.
Сколько соседских элит
Злобу срывает на Пушкине —
Тоже ведь риск не велик!

Вон Белоруссия шарится:
Там, чтоб врага побороть,
Мертвых судить разрешается!
Ясно, что дальше — Господь.

…Сколько не пито, не доспано!
Строгий СКРПЦ
Судит троякого Господа,
Не изменяясь в лице.

Рифмы подчеркнуто бедные,
Скудный некрасовский слог,
Но россиянскими бреднями
Кто вдохновиться бы мог?
Над временами последними
Не изощряется Бог.

4.
С утра пирует братчина:
Сивуха, ветчина…
Судилище назначено,
Повестка вручена.

Бухую, задремавшую
Разбередили Русь.
Рукою патриаршею
Подписано: явлюсь.

Конечно, подсудимого
Никто не ждет живьем —
Заочно доедим его,
Заглазно дожуем!

Был адвокат у дьявола,
Но Божий прокурор —
Такого Русь не хавала
Еще до этих пор:
Для этой роли выделен
Верховный чудозвон,
Известный черным кителем
И неуемным злом.
Среди любых примет его
Верней всего одна:
В нем нет не только светлого,
Но серого пятна.
Он весь — посланье сумрака,
И от его затей
У взрослых сразу судорога
И рвота у детей.

Для роли инквизитора
Он явно мелковат,
Господь не разразит его
Мильоном киловатт,
Но серою разит его
Продуманный наряд,
И прочий реквизит его,
И перстень в сто карат.

Вся пресса в ажитации,
Элитный батальон!
Цена аккредитации
Превысила мильон!
В буфете все распродано,
На роскошь нету средств,

Бежит за бутербродами
Ассошиэйтед пресс,
Разлив портвейна крымского —
По десять штук стакан!
Проклятье Папы Римского
Озвучил Ватикан!
Не каждый сунет нос туда,
Где, гробя честь свою,
Россия судит Господа
За неуспех в бою!

5.
Задается безумный ритм.
Пополудни пять.
Председатель суда говорит:
— Подсудимый, встать.
Каждый тянется посмотреть,
И уверен всяк,
Что осудят пустую клеть,
Но тут сквозняк.

Намечается сквознячок
Из горних сфер.
Аккуратненький старичок,
Пенсионер,
Пробирается меж рядов,
Как тихий ветр,
Повторяя: готов, готов,
Привет, привет...

Накренилась земная ось,
И свет пригас.
Каждый видел его, небось,
Да и не раз.
Одного он в ночи подвез
В своем такси,
Темной ночью, в такой мороз,

Что Бог спаси;
Одному он прибил каблук,
Айсор-мастак,
Одного он избавил от мук,
Продав сустак,
К одному он пришел врачом,
Принес еду,
Одного от подпер плечом
На голом льду,
Вообще, он являлся всем,
Бикфордов шнур,
Размыкатель готовых схем,
Простых структур,
Превращающий стену в дверь,
Заглушку — в щель;
К одному приходил как зверь,
К другим — как шмель.
Да и каждый его узрит
Не как сосед:
Для одних он угрюм, небрит,
Для прочих сед,
Для одних он идет шутя,
Для других – скользя...
Для кого-то вообще дитя —
Понять нельзя:
Та девчонка, что во дворе,
Спасая матч,
Мне в подвале, в темной дыре
Искала мяч.
Весь он зыблется, весь дрожит,
Дразня собой —
Не поймешь, то ли вечный жид,
То ли вечный бой,
Он идет, поднимая фетр,
Неся кефир,
Повторяя: привет, привет,
Кё фер, кё фер?

Говорил же вам Протагор:
Я игра ума.
Уважаемый прокурор,
Я весь внима...

6.
Не боясь изменения правил,
Прокурор произносит: ура.
Очень рад, я, действительно, дьявол,
Нам давно объясниться пора.
В это зыбкое их редколесье,
В эту зябко-болотную хтонь
Ты пришел нарушать равновесье,
А тебе говорили: не тронь!
Наделил ты сознанием глину,
А потом, как от зайцев Мазай,
Устранился: и пальцем не двину.
Я вручил вам свободу: дерзай!
Поманив человека блаженством,
Напугав перспективой суда,
Указал ты решительным жестом
В пустоту — и рванулись туда!
А ведь было бы вовсе несложно
Объяснить, что любовь — причиндал,
Что понять никого невозможно,
Альтруизма никто не видал...
Ведь кончаются реками крови
Все легенды про дождь и четверг!
Если что, я всегда наготове,
Но меня ты низверг и отверг.
Все теперь доплелось до финала,
Мир уже не просохнет от слез,
Большинство-то всегда понимало,
Что к тебе относиться всерьез
Невозможно. Но те, кого мало...

И понес, и понес, и понес!
Всю софистику скверную эту,
Апологию мелкого зла,
Что издревле смущала планету
И до наших времен доползла,
Все, что ведает каждый брандмауэр,
Все, что видимо только в упор,
Все, что здесь воплощал динозауэр,
Птеродактиль, бурбон, бранд-майор,
Повторяя: Сократ, Шопенгауэр,
Демокрит, Гермошлем, Протагор...
И долдонит, и сон навевает,
Из пурги городит города...

Но Господь почему-то кивает
И еще повторяет: да-да.
Никаких не бывает идиллий,
Это видел и я наперед...
Я не прочь, чтоб меня посадили.
Можно сделать отличный народ
Из отверженных обществом зэков,
Этот вид шлифовали века,
С точки зрения ваших эсдеков,
Идеал человека — зэка;
Даже можно, чуть-чуть покумекав,
За основу принять ЧВК...
Может быть, догадался Пригожин,
Он, конечно, ничуть не обожен,
Но убожен, а это печать, —
И поэтому небезнадежен.
Может, надо с отбросов начать?
Или, бросив намеренья эти,
На остатки махнуть бы рукой
И начать бы на новой планете,
Совершенно вообще не такой?
До свидания, милый дети.
Ваш создатель ушел на покой.

Не цитируйте мне Протагора,
Не просите спасти СВО —
Все и так опрокинется скоро,
И, признаться, не жаль ничего;
Я спокойно дождусь приговора
И охотно исполню его.
Я и это предвидел, не скрою,
Ибо время не ток, а дыра:
Говорил я, что суд надо мною
Будет знаком, что кончить пора
Эту сильно прокисшую Трою.
Илиада накрылась. Ура.

И он умолкает,
Усталый творец,
И все понимают,
Что это конец.
The end, the end,
My beautiful friend,
Агент, агент,
Иноаге-е-ент!

7.
Но тут над залом — то ли звон посуды,
А то ли рокот лопнувшей струны.
Нет оперы без арии Иуды,
Нет Библии без текста Сатаны.
И Сатана, рыдая обозленно,
Грызя ковры, линолеум и прах,
С презреньем сбросив маску чудозвона
Валяется у Господа в ногах.

— Куда же ты идешь, соколик мой горностаек?
Куда же ты бежишь от наших бездомных стаек?
Куда же ты течешь от рабов своих безработных,
Куда же ты летишь от дроздов своих перелетных?

Ты, может быть, не знаешь, Господи,
Что я венец твоих стропил,
Ты, может быть, не веришь, Господи,
Что я один тебя любил,
Что эти все мои метания,
И отрицания, и вой —
Чтоб обратить твое внимание
И до конца пребыть с тобой!

Ты, может быть, не знаешь, что в Останкине тобою
    клянутся?
Ты, может быть, не знаешь, что архангелы твои отвернутся?
Что если в ком-то вера чиста — он изгнан отсюда?
Что если кто и любит Христа, то только Иуда!

Ты, может быть, не знаешь, Господи,
Что я твой future in the past?
Ты там забыл в раю меж роз, поди,
Что только дьявол не предаст?
Что изо всей твоей епархии,
Лишь мы, с орлами на гербе,
Не можем жить без иерархии,
Хоть эта рифма так себе?

Увы, увы! Если тебя нету, весь мир — сплошной полиуретан!
Увы, увы, если тебя нету, какой же я штабс-капитан?!
Увы, увы! Я ничего не стою один со всей моей борьбой!
Творец, творец, останься со мною или возьми меня с собой!

Но Бог не отвечает. Ему все эти жалобы
Звучат как крики чаек: заткнуться не мешало бы.
Мне говорил Мамлеев — а я ведь знал Мамлеева:
Был Бог у иудеев, а нынче сыщешь где его?
Был сонм богов у греков, и ангелы, и демоны,
У инков, у ацтеков, — у всех, а нынче где они?
И у богов, как видно, бывают сроки годности,
Без них мы только быдло, и наш удел — свой гроб нести.

И в этот миг всеобщей растерянности, пожалуй, истерики
    даже,
Как бы устав натруженное тело нести, вдруг входит человек в
    камуфляже,
И молвит с безразличьем и милостью — как мог бы
    обращаться астрал:
— Завиняйте, охорона втомилася.
Что значит «караул устал».

Он это говорит по-украински.
Нам, типа, надоело стеречь.
И публика трепещет, как инки,
Заслышавши испанскую речь.

И наконец, разбегается в панике,
Как пред народом цари
Или как тучки, небесные странники,
Перед приходом зари.

8.
Вот мой любимый размер симфонический:
Дактиль в четыре стопы.
Есть у него ореол семантический:
Родина, Бог и ты пы.

Так обозначен он в книге Гаспарова.
В этом добротном труде
Взят матерьял стихотворчества старого —
Фофанов, Блок и тэ дэ.

В нас этот ритм уже накрепко врос, поди,
Всякому с детства знаком:
Родина, Родина! Господи, Господи!
Все решено языком.

Сволочи, ангелы, валенки, пряники,
Родины сладкий навоз!

Тучки небесные, вечные странники,
Тоже над нею того-с.

В нем сочетание борзости, дерзости,
Гордости, робости, доблести, мерзости,
Лоска и гнили внутри,
Вечной болезности, рабской любезности,
Летней небесности, пасмурной бездности,
Марша и вальса на три

Счета. Но что же так сладко-то, гнусно-то?
Чем это так безнадежно приплюснуто,
Словно болотной жарой?
И на письме-то противно, а устно-то —
Как благодарная ария узника,
Ода темнице сырой.

Все эти комплексы, все сочетания
Рабской любви и тупого страдания,
Общих побед и потерь,
Все эти бедные русские классики,
Вечно по кругу бегущие часики,
Стонут, как пчелы на брошенной пасеке:
— Что же нам делать теперь?

9.
Русский Бог в болотистом пейзаже,
Всю окрестность взорами обшарив,
К человеку в пыльном камуфляже
Обращается с тем же вопрошаньем:
— Вероятно, я мог быть строже,
Мог больше заботится о быте,
А все-таки со мной теперь, что же,
Так би мовити, що мені робити?

И снисходительно, будто бы в хосписе,
Он произносит в ответ:

— После всего происшедшего, Господи,
Мы не нуждаемся в этой гипотезе,
Мы не нуждаемся, нет.

ПАМЯТИ ДИНЫ БУРАЧЕВСКОЙ

В короткий день золотисто-синий — тепла прощальный
    паек, —
На пересечении двух асфальтовых линий — одна в Чикаго,
    одна в Нью-Йорк,
В античной лавке красно-кирпичной, где правит старец еле
    живой,
Сидит типичный такой тряпичный с круглой пластмассовой
    головой,
Сидит с шестидесятых, семидесятых — проезжих нет, не
    берет никто,
Среди сапог растоптанных, блуз распятых, ссохшихся
    кожанок и пальто,
Тарелочек, статуэток, тряпья, винила — в кошмарах снится
    такая смесь, —
Сидит и думает: чем я так провинился, что навсегда оказался
    здесь?

Взгляд его сосредоточен в конкретной точке, и, судя по
    круглым его глазам,
Он вечно смотрит на розовые носочки, которые кто-то ему
    связал:
В комплекте их не было, вижу ручную вязку, не знаю, спицы
    или крючок;
Кто-то сшил ему пеструю водолазку и с красной кисточкой
    колпачок.
Сидит и думает: можно выправить все на свете, сказав кому-
    нибудь «извини».
Я знаю, думают все хорошие дети, что виноваты всегда они.
Все было так прекрасно, но дом потерян, выветривается
    запах, забыт маршрут,
Он сделал что-то неправильно, и теперь он должен вечно
    сидеть вот тут.

Да ничего он не сделал! А чем провинились все эти кружки,
    скатерти, снятые со стола?

Хозяин вырос. Мать, что хранила его игрушки, по всей
вероятности, умерла.
Американцы вечно переезжают, на новых местах создают
уют,
Без сантиментов детей провожают, опять рожают, дом
меняют, вещи распродают.
И я тупыми, заплаканными глазами смотрю, как он, на этот
развал:
Меня ведь тоже любили, рубашки шили, носки вязали, и нет
никого, кто меня бы взял.
Сейчас меня подберет милосердный убер, и я продолжу свою
игру.
Хозяин наш вырос, а может, уже и умер, а мы остались сидеть
в углу.
И весь этот провинциальный вид, осенний видеоряд
Только одно мне охрипшим шепотом говорит:
Ни в чем ты не виноват.

+++

Город обшарпанный.
Гравия мелкий помол.
Шарканье, шамканье
Сонного моря о мол.

В крымской провинции
Теплая, пыльная взвесь,
Словно превысили
Меру отпущенных зверств.

Не было холода,
Не было явного зла.
Вечное золото,
Вечная осень была.

Крым — пограничие
Плит и обманчивых вод.
Преувеличенно
Гостеприимный народ.

Словно в Абрамцеве,
Патриархальный покой —
Вечно обманчивый,
Делювиальный такой.

Семидесятые.
Зреющий Гребенщиков.
Дряхлые статуи
Канувших временщиков.

Время апокрифа —
Смута, Землячка, Чека;
Время фотографа,
Банщика, часовщика.

Как при Аврелии,
Между мучительных вех,
Выпав из времени,
Плыл позолоченный век.

Море без паруса.
Бездна отсрочку взяла.
Сладкая пауза,
Женская кла-у-зу-ла.

Новое варварство
Входит отрядами шлюх
И издевается,
Но не решается вслух.

Ветры истории,
Веянья с материка
Из Евпатории,
Щелкина и Судака

Вымыли, вымели
Осени ржавую жесть.
Непоправимое,
Неотменимое есть.

Негде мне более
Кинуться в сон золотой
Той метрополии,
Гелиополии той.

Даже и в вечности
Негде мне более взять
Этой беспечности,
Этой беспечности, блядь.

ОММАЖ

Евреи, по крайней мере в большинстве своем, предпочитают лишь одну профессию - торг золотом и много что обработку его, и все для того, что когда явится мессия, то чтоб не иметь нового отечества, а иметь все с собою в золоте и драгоценностях, чтобы удобнее унести.

Достоевский. *Еврейский вопрос*

Как у золота евреи,
Так у рифмы тремся мы:
Нету способа скорее
Влиться в русские умы.

Прежний мир куда-то делся
И рассыпался, дрожа,
И от юности, от детства,
От былого багажа

Неизношенное тело,
Не обида на вождя –
Лишь одно и уцелело,
Все границы перейдя:

Буря мглою небо кроет,
Вихри снежные крутя.
То как зверь она завоет,
То заплачет, как дитя.

Просыпаешься с похмелья,
Морщишь потное чело:
Как попал в свою постель я?
Тьфу, не помню ничего.

Что я делал с этой сукой?
Шел с работы или нет?

Как я прожил с этой мукой
Девяносто долгих лет?

Весь дрожа, очнешься в полночь,
Воду льешь в иссохший рот —
Ничего вообще не помнишь
Из былого. Только вот

Бедный штрих, осколок малый,
Звук единстивенно живой,
Да и не было, пожалуй,
Ничего. Лишь плач и вой:

Буря мглою небо кроет,
Вихри снежные крутя.
То, как зверь, она завоет,
То заплачет, как дитя.

...Только то и разрешают
Унести на горний свет,
Что уютно размещает
В бедной памяти поэт.

Вот проснулся, потянулся,
Тронул голову свою,
Оглянулся, ужаснулся:
Ничего не узнаю!

То ли сладостные кущи,
То ли древние хвощи...
Снова поиск проклятущий,
Тщетный, сколько ни ищи.

Неоформленная местность,
Неподписанная пядь
И сплошная неизвестность:
Все придумывать опять!

И от всей-то жизни прежней
Лишь одно спасла башка –
Безнадежный, неизбежный
Отзвук детского стишка.

И над бледною равниной —
Снег, река и тростники —
Раздается звук единый,
Полный счастья и тоски:

Буря мглою небо кроет,
Вихри снежные крутя:
То, как зверь, она завоет,
То заплачет, как дитя.

Шаши Мартынова
РЕБЁНКУ ВАСИЛИЮ СНИТСЯ

Shashi Martynova
BASIL THE CHILD DREAMS
Translated by Max Nemtsov

Алексей Шеремет
СЕВКА, РОМКА И ВИТТОР

Сергей Давыдов
ПЯТЬ ПЬЕС О СВОБОДЕ

Ася Михеева
ГРАНИЦЫ СРЕД

Виталий Пуханов
РОДИНА ПРИКАЖЕТ ЕСТЬ ГОВНО

Юлий Дубов
БОЛЬШАЯ ПАЙКА
Первое полное авторское издание

Юлий Дубов
МЕНЬШЕЕ ЗЛО
Послесловие Дмитрия Быкова

Илья Бер, Даниил Федкевич, Н.Ч.,
Евгений Бунтман, Павел Солахян, С.Т.
ПРАВДА ЛИ
Послесловие Христо Грозева

СОДЕРЖАНИЕ

Поэмы